Ulla Fix
Sprachwissenschaftlerin zwischen *Ost* und *West*

ZeitZeugnis.
Vitale Historiographien
aus den Wissenschaften

Hrsg. v. Hartwig Kalverkämper
Band 7

Ulla Fix

Sprachwissenschaftlerin zwischen *Ost* und *West*

Erlebnisse, Überlegungen und Erfahrungen

Frank & Timme
Verlag für wissenschaftliche Literatur

Umschlagabbildung: Augusteum und Universitätskirche Leipzig vor der Sprengung von 1968 mit dem Mendebrunnen im Vordergund (Datum der Aufnahme: 30.06.1956). Foto: Alfred Schröter.

ISBN 978-3-7329-0756-4
ISBN E-Book 978-3-7329-9209-6
ISSN 2365-2403

Herstellung durch Frank & Timme GmbH,
Wittelsbacherstraße 27a, 10707 Berlin.
Printed in Germany.
Gedruckt auf säurefreiem, alterungsbeständigem Papier.

www.frank-timme.de

Meinem Mann und unseren Söhnen

Inhaltsverzeichnis

Vorbemerkung: Warum über sich selber schreiben? 11

Dank 13

Mein roter Faden? Die Politik 14

Wo komme ich her – lokal und kulturell? 15

Wo komme ich her – familiär? 19

Erster Exkurs: Lingua Tertii Imperii – Lingua Quarti Imperii 22

Schulzeit, 17. Juni 1953, Junge Gemeinde, 13. August 1961, (erster) Studienbeginn 29

Ausbildung zur Buchhändlerin 1961–1963, Mauerbau, Lehre, Studienbewerbung 34

Zweiter Exkurs: Leipzig und anderswo – eine Welt der Bücher 36

Zweiter Studienbeginn. Studium 1963–1968, Weggang Hans Mayers, meine Lehrer, Umbau des Studienprogramms, Strukturalismus/Kybernetik, Prager Frühling 50

Dritter Exkurs: Mitteldeutsche Kultur- und „Unkultur"landschaft. Eine Bahnfahrt von Arnstadt über Erfurt, Weimar, Apolda, Bad Kösen, Schulpforta, Weißenfels nach Leipzig 60

Ende des Studiums – Prüfungen, Sprengung der Universitätskirche, Prager Frühling, Assistentenjahre, Dissertation 69

Lehraufenthalte in Bagdad und Helsinki –
Kriegs- und Demokratieerlebnis 73

Habilitationsarbeit – nun doch, aber unvollständig 76

*Vierter Exkurs: Leipziger Kolleginnen
und unsere kollegiale Arbeitsatmosphäre* 79

Paradigmenwechsel – wissenschaftliche Entwicklung 86

Ende des strukturalistischen Vorgehens 86

Sprachbewertung –
„Beziehungen zum gesellschaftlichen Sein" 87

Erweiterung des Stilbegriffs 93

Erweiterung des Textbegriffs 106

Der Herbst 1989. Aus Stagnation wird Erneuerung –
Gastprofessur, Kommissionsarbeit, neue Formen
der universitären Kommunikation 110

Aus Büchern werden Kolleginnen und Kollegen 115

Wissenschaft und Verantwortung 118

Aus der Außensicht wird Mitarbeit 125

*Fünfter Exkurs: Projekte nach der „Wende" –
Zusammenarbeit mit Studenten und Doktoranden* 128

Aus Gängelung wird Freiheit von Forschung und Lehre 139

Sechster Exkurs: Bedrückende Wissenschaftsgeschichte 144

Meine „Säulenheiligen" 179

Fazit 180

Literaturverzeichnis 181

Ulla Fix

Vorbemerkung: Warum über sich selber schreiben?

Als ich vor etwa drei Jahren gefragt wurde, ob ich mir vorstellen könne, für „Studia Germanica Gedanensia“ einen biographischen Text zu meiner Person zu schreiben, fand ich die Idee, sich mit sich selbst autobiographisch-wissenschaftshistorisch auseinanderzusetzen, interessant und habe zugestimmt.

Die Gefahr, bei einem solchen Vorhaben in Selbstbespiegelung zu verfallen, war und ist mir bewusst. Dass ich damals dennoch zugesagt habe, hängt mit Erfahrungen aus meiner Arbeit[1] zusammen: Zu meinen Forschungsprojekten gehörte eines zum Thema „Sprachbiographien“.[2] In narrativ-diskursiven Interviews wurden Menschen, die die DDR bewusst erlebt haben, nach ihren Sprach- und Kommunikationserfahrungen in Vergangenheit und Gegenwart befragt. Es kamen höchst aufschlussreiche Beobachtungen und Erfahrungen zur Sprache. Damals ist mir – sowohl in der theoretischen Auseinandersetzung mit dem Verfahren narrativer Interviews als auch durch das in den Interviews Gesagte – klar geworden, dass *jedes* Leben und *jeder* Befragte als „Experte seiner selbst“[3] von Interesse ist. Man muss sich, wenn man

1 Aus Platzgründen kann ich Literaturangaben nur begrenzt anführen. Weiteres findet sich auf meiner Homepage *www.home.uni-leipzig.de/~fix*.

2 Teil des DFG-Projektes „Fremdheit in der Muttersprache“ (1994–2001), Gerd Antos (Leitung)/Peter Auer/Ulla Fix. Ergebnisse finden sich in: Fix/Barth (2000).

3 Ich verwende bei Personenbezeichnungen im gesamten Text das generische Maskulinum – ‚(der) Befragte‘, ‚Einwohner‘, ‚Student‘ –, wenn die Gattung gemeint ist, also immer dann, wenn alle in Frage kommenden Personen angesprochen sind und das Geschlecht für die jeweilige Information keine Rolle spielt. Wenn ich konkrete Personen meine – zum Beispiele meine Mitschülerinnen als künftige Buchhändlerinnen, eine Vorgesetzte als Parteisekretärin – gebrauche ich die entsprechende, hier also die weibliche Form. Die Verwendung des Partizips, zum Beispiel ‚Studierende‘, widerstrebt mir immer

über sich selbst spricht, also nicht notwendigerweise als etwas Besonderes im Sinne von etwas Besserem verstehen; jedes Leben ist besonders – nicht als Verdienst, sondern als Gegebenheit, als *ein* unter den gegebenen Umständen möglicher Fall. Daran anzuknüpfen und einen Text vorzulegen, der etwas wissenschaftsgeschichtlich Interessantes über *einen* unter den Gegebenheiten möglichen Fall – über eine Sprachwissenschaftlerin zwischen „Ost" und „West" – berichtet, hatte ich mir damals vorgenommen. 2020 lag der Aufsatz vor.[4]

Nun ist aus dem Aufsatz ein Buch geworden. Auf diese Weise konnte ich einiges, was damals aus Gründen des Umfangs eher kurz behandelt worden ist, genauer darstellen. Ich verfolge dabei weiter das Prinzip der chronologischen Darstellung, unterbreche es aber hin und wieder durch ausführliche thematische Exkurse, in denen ich auf einen Schwerpunkt vertieft und quer durch die Zeiten eingehe. Das ist unter anderem der Fall, wenn ich auf meine Lektüre zu *Lingua Tertii Imperii* und auf das Nachdenken über *Lingua Quarti Imperii* eingehe, wenn ich die mitteldeutsche Kulturlandschaft beschreibe oder die Buchstadt Leipzig darstelle. Nach jedem dieser Exkurse kehre ich wieder in die Chronologie zurück. Man kann sich also auch dafür entscheiden, zuerst die chronologische Darstellung und anschließend die Exkurse zu lesen.

---

dann, wenn es um die Gattung geht. Es wird eine andere Bedeutung vermittelt: Ein ‚Studierender' ist nicht notwendig ein ‚Student' und ein ‚Student' ist nicht immer ein ‚Studierender'.

4 Fix (2020c).

Dank

Dass aus dem Aufsatz ein Buch geworden ist, verdanke ich Dr. Karin Timme. Sie hat mich ermutigt, dieses Buchprojekt anzugehen, und meine Arbeit in jeder Hinsicht unterstützt. Dafür schulde ich ihr besonderen Dank. Wofür ich ihr über dieses Buch hinaus danke, ist im zweiten Exkurs zu lesen.

Bei Astrid Matthes bedanke ich mich für ihre hilfreichen Ratschläge zur Manuskriptgestaltung, die mir aus Situationen der Unschlüssigkeit herausgeholfen haben.

Und wie immer – seit vielen Jahren – richtet sich mein Dank an Dr. Sophia Schleichardt für ihre mir unentbehrliche Hilfe bei der Herstellung der Druckvorlage. Ich kann mich auf ihre inhaltlichen, sprachlichen und technischen Hinweise immer verlassen.

Meinem Mann danke ich für seine moralische und praktische Unterstützung beim Schreiben dieses Buches. Noch viel mehr danke ich ihm, aber auch unseren Söhnen für unser andauerndes Gespräch darüber, wie man anständig lebt – eine Frage, um die es auch in diesem Buch geht.

Mein roter Faden? Die Politik

Wenn ich auf mein Leben zurückblicke in der Hoffnung, eine Struktur für diesen wissenschaftsbiographischen Text zu finden, zeigt sich unübersehbar: Die Struktur ergibt sich aus dem Politischen. Schon frühzeitig, spätestens im Zusammenhang mit meiner Dissertation, ist mir klar geworden: Geisteswissenschaft – auch Sprachwissenschaft – ist politisch. Diese Aussage kann Inhalte, Methoden und Denkstile betreffen, aber auch die Umstände, unter denen wissenschaftlich gearbeitet bzw. nicht gearbeitet werden kann. Das wird sich bei der Darstellung meiner wissenschaftlichen Biographie immer wieder zeigen. Daher belasse ich es hier erst einmal bei der bloßen Feststellung.

Wo komme ich her – lokal und kulturell?

Ich bin ein Kind der Kriegs- und Nachkriegszeit. Am 14. August 1942 wurde ich in Arnstadt/Thüringen als mittleres von drei Kindern geboren. Diese kleine Stadt von damals knapp 30.000 Einwohnern am Eingang des Thüringer Waldes liegt nahe bei Erfurt. Auch Weimar, Jena, Gotha und Eisenach sind schnell zu erreichen. So wuchs ich in einer nicht nur landschaftlich, sondern auch kulturell reichen Umgebung auf. Die Namen Bach, Luther, Goethe, Herder, Schiller, Wieland (nicht aber der verpönte Nietzsche, dessen Geburtsort Röcken und dessen dortige Grabstelle ich erst spät entdeckte) waren mir seit der Schulzeit durch den Besuch der einschlägigen Wohnhäuser und Museen vertraut. Ich habe schon als Kind etwas von der Bedeutung dieser Personen erahnt und den Wunsch gehabt, davon mehr zu kennen und zu verstehen.

Wie in den ehemaligen Residenzen vieler mitteldeutscher Fürstentümer gab es auch in Arnstadt ein kleines (1842 erbautes) Theater, das in meiner Kindheit noch ein eigenes Ensemble hatte. Das heißt, Theaterbesuche waren mir schon seit der Kindheit vertraut, das Theater gehörte zur Kleinstadtkultur. Fahrten nach Erfurt und Weimar mit Theaterbesuchen und dem Besuch von Museen standen im Lehrplan der Grund- wie der Oberschule. Mit Erfurt verbanden sich für mich Namen wie Luther, der als Mönch im Augustinerkloster gelebt hatte, Wieland, der an der Universität gelehrt, und Wilhelm von Humboldt, der im Haus Dacheröden seine Frau Caroline gefunden hatte – eine der modernsten intellektuellen Frauen ihrer Zeit. Mit Weimar verband ich natürlich Goethe, Schiller, Herder und Wieland, aber auch Anna Amalia und Luise von Göchhausen, die neben vielen anderen Texten auch die älteste Fassung des „Faust“, den „Urfaust“, abgeschrieben und ihn so der Nachwelt erhalten hat. Darauf stieß ich später wieder, als ich mich mit dem Fauststoff intensiv beschäftigte.

Immer wenn ich als Schulkind meine Großeltern besuchte und dabei den zu einem kleinen Park umgestalteten früheren Friedhof durchquerte, las ich an der Wand der „Gottesackerkirche“ die Inschrift „Auf diesem Gottesacker ruhen 24 Angehörige der Familie Bach“. Und in der Toreinfahrt des Hotels „Zur Sonne“ war zu lesen, dass dieses Haus der Ort war, an dem die große und weit verzweigte Bachsche Familie ihre jährlichen Familientreffen begangen hat. Es faszinierte mich, dass dieses kleine Arnstadt Treffpunkt einer so berühmten Familie gewesen sein sollte. Dann musste es ja mit meiner Heimatstadt etwas auf sich haben. Zugleich stellte ich damals – so erinnere ich mich – meine erste „sprachwissenschaftliche“ Betrachtung an: ‚Gottesacker‘ war offensichtlich ein anderes Wort für den Ort, den ich bisher als (neuen) ‚Friedhof‘ kannte und den ich mit Eltern und Großmutter häufig besuchte. Für mein Gefühl war ‚Friedhof‘ das beruhigendere Wort. ‚Gottesacker‘ hingegen hatte in seiner Bildlichkeit etwas Schonungsloses, zugleich aber auch Starkes. Es war eine Bezeichnung, die mir kräftiger vorkam als das Wort ‚Friedhof‘. Ohne mir dessen bewusst zu sein, hatte ich mich mit Motiviertheit und Wirkung von sprachlichen Bildern auseinandergesetzt.

Das Lesen gehörte seit den ersten Schuljahren zu meinen Hauptbeschäftigungen. Schon als Leseanfängerin las ich alles, was ich an Büchern, Zeitungen und Zeitschriften vor Augen bekommen konnte – bis hin zu Texten der Öffentlichkeit wie Plakate, Straßen- und Firmennamen. Es faszinierte mich, dass es in Arnstadt Häuser, meistens Villen, gab, die an der Fassade mit Sprüchen versehen waren, mir also eine Lektüre boten. Besonders berührte mich ein Hausspruch[5] (1), dessen Pessimismus und Moralität ich wohl verstand.

5 An einem Haus am „Weg zur Fasanerie“ in Arnstadt.

(1) *Wenn dieses Haus so lang nur steht,*
bis aller Neid und Haß vergeht,
dann bleibt's fürwahr so lange stehn,
bis daß die Welt wird untergehn.

Freilich wunderte mich die Offenherzigkeit der Hausbewohner, die ihr Unglück so unumwunden in die Welt hinausposaunten. Dass es eher um einen moralischen Appell an die Vorübergehenden als um die Darstellung eigenen Leides ging, habe ich damals noch nicht erkannt.

Später habe ich mich im Zusammenhang mit meinem Interesse an Gattungsfragen und in Anlehnung an das Konstanzer Forschungsprojekt zur „Kommunikativen Konstruktion von Moral"[6] auch mit der kommunikativen Gattung der – wie ich sie nenne – ‚moralisierenden Sprüche'[7] befasst, die alle eine aufs Sittliche bezogene Überlegung, einen Appell an die Moral der Angesprochenen vermitteln. Dieser Appell bildet sich im Reim ab. Die äußere Ordnung, die Formstrenge des Reims, verbildlicht eine innere Ordnung, den moralischen Anspruch. Hierhin gehören einfache Appelltexte wie (2) und (3):

(2) *Wenn sich's um den Sitzplatz dreht,*
mit Rücksicht es viel besser geht.
(Busse der Saarland-Linien 1990)

(3) *Lassen Sie hier Rücksicht walten*
und bitte schön mal Abstand halten.
(Postamt Grimma 1999)

6 Bergmann/Luckmann (1993).

7 Fix (2001a).

Aber auch die Haussprüche, die ihren moralischen Appell teilweise – wie in unserem Beispiel (1) – subtiler vermitteln, sind hier einzuordnen.

Ich muss es mit dem Lesen übertrieben haben, denn meine Mutter, die eigentlich auch gern las, aber nie genügend Zeit dafür fand, ermahnte mich eines Tages nachdrücklich, ich solle neben dem Lesen nun endlich auch einmal etwas Nützliches tun, also im Haushalt oder im Geschäft helfen, was ohnehin zu unseren selbstverständlichen Verpflichtungen gehörte. Ich verlagerte also einen Teil der Lektüre ins Heimliche.

Die Eltern leisteten sich neben ihrer vielen Arbeit auch kleine Urlaube, die uns meist in den Thüringer Wald, unter anderem nach Eisenach und Umgebung führten. Dort interessierten mich vor allem das Lutherhaus, das Bachmuseum und die Wartburg. Luthers Übersetzung des Neuen Testaments spielte bei den Führungen auf der Wartburg, dem Ort, wo er diese unglaubliche, bis heute aus meiner Sicht unerreichte Leistung für die deutsche Sprache vollbrachte, eine große Rolle. Das prägte sich mir sehr ein. Es ist sicher die Wurzel meines späteren Interesses an der Sprache der Bibel, genauer an semiotisch orientierten kritischen Fragen zu Bibelrevisionen des 20. und 21. Jahrhunderts.

Wo komme ich her – familiär?

Mein Vater war unversehrt aus dem Krieg zurückgekommen. Wie die meisten Männer seiner Generation hat auch er nicht oft darüber gesprochen. Er führte die Drogerie weiter, die er von seinem Vater übernommen hatte und die er, meine Mutter und eine ganze Reihe Angestellter mit Erfolg betrieben. Die „Herkunft", die ja auch in der DDR eine große Rolle spielte – tunlichst sollte man ein „Arbeiterkind" sein – war daher in meinem Fall nicht „vorteilhaft". Ich war kein „Arbeiterkind". Es kam hinzu, dass es meinem Vater gelungen war, das Geschäft als „privaten" Familienbetrieb weiterzuführen. Das heißt, der Staat war nicht wie in der Mehrzahl der Fälle am Geschäft beteiligt, eine gewisse Selbständigkeit war garantiert, man war aber benachteiligt dadurch, dass man von der knappen Ware, die staatlich zugeteilt wurde, weniger bekam als die Geschäfte „mit staatlicher Beteiligung". So war das Einkommen der Familie durchaus beschränkt. „Grundstipendien", die damals fast jeder Student bekam, erhielten wir Geschwister als „Kapitalistenkinder" nicht.

Wir Kinder haben das Leben in dem alten Fachwerkhaus mit Galerien, vielen Lagerräumen, mehreren Dachböden und dem plätschernden Brunnen im Hof sehr genossen. Besonders schön fanden wir, dass in unserer Familie immer „etwas los war". Die Eltern führten berufs- und kleinstadtbedingt ein „offenes Haus". Es kamen fast täglich Besuche: Verwandte, Freunde, Kollegen, Bekannte, Leute auf der Durchreise, die immer Neuigkeiten mitbrachten. Mit den Angestellten und Lehrlingen (nicht Azubis!) hatten wir Kinder teils nahezu familiäre, teils freundschaftliche Beziehungen. Es gab immer jemanden, an den man sich wenden konnte. Ich erinnere mich, dass ich es am Mittag von Heiligabend, wenn die letzten Angestellten mit guten Weihnachtswünschen gegangen waren, immer erst ziemlich einsam fand, bis ich mich mit Großmutter, Eltern und zwei Geschwistern als ja auch nicht kleiner Gemeinschaft wieder abgefunden hatte.

Mein Vater war politisch ungeheuer interessiert. Das regelmäßige Hören der Nachrichten im Radio und später der Empfang der Nachrichtensendungen des Fernsehens gehörten zum täglichen Programm. Das möglichst kontinuierliche Verfolgen der Nachrichten habe ich bis heute beibehalten. Es verging in meiner Kindheit, so meine Erinnerung, kein Tag ohne politische Gespräche. Auch noch in hohen Alter sagte mein Vater, wenn mein Mann und ich zu Besuch kamen, gleich nach dem Eintreffen: „Wartet mit dem Auspacken. Setzt euch erst einmal hin. *Was meint Ihr denn zur Situation in Israel? Was haltet Ihr von der Solidarność-Gewerkschaft?*" (Er begrüßte sie natürlich.)

Meine Mutter, die anders als ihre Schwester ein Lyzeum besuchen durfte, hat mir – eher nebenbei – viel Wissen vermittelt. Das wird mir beim Zurückdenken klar. Am nachhaltigsten hat sie mich aber durch ihre pazifistische Haltung beeinflusst. Sie wurde 1915 geboren, der Vater war im Krieg und die Hebamme beriet die Mutter bei der Namenswahl. Sie meinte, in solchen Zeiten müsse ein Mädchen unbedingt *Bringfriede* genannt werden. Und so geschah es dann auch. Ich, 1942, also auch im Krieg geboren, erhielt den Namen *Bringfriede* als zweiten Vornamen. Ich fühlte mich dadurch verpflichtet und habe mich in meinem Leben bemüht, diesem Namen gerecht zu werden. Mein Großvater, der Vater meiner Mutter, war im ersten Weltkrieg verschüttet gewesen und kam als entschiedener Kriegsgegner zurück. Sein Leitspruch „Nie wieder Krieg" hat sich meiner Mutter und durch sie auch mir eingebrannt. Das sollte später für mich eine große Bedeutung haben. Ich komme darauf zurück.

Meine Kindheit ist auch noch in der Nachkriegszeit bestimmt gewesen von Angst vor dem Krieg, obwohl die Familie in Arnstadt nie direkt bedroht war. Die Erinnerungen an die Aufenthalte in Luftschutzräumen, die Schützengräben und verrosteten Helme in den Wäldern rund um Arnstadt, die Spur des Einschlags einer verirrten Granate im Schlafzimmerschrank der Eltern, der von einem amerikanischen Luftangriff im Februar 1945 herrührte, vor allem aber die russischen Filme, die wir als Schulkinder sehen mussten und die ausnahmslos und äußerst drastisch vom „Großen Vaterländischen Krieg“ handelten, trugen ihren Teil dazu bei, dass für mich die Forderung „Nie wieder Krieg“ zum Prinzip wurde.

Noch nachdrücklicher war der Wunsch des Kindes, dass sich die grausame Verfolgung der Juden niemals wiederholen sollte. Mein Entsetzen über das Unfassbare, von dem ich schon als Kind gehört, dessen Zeugnisse ich in Buchenwald gesehen und wozu ich einiges gelesen hatte, hat sich bis heute nicht vermindert, eher wächst es noch. Es hat mein Leben, meine politische Haltung, meine Interessen entscheidend geprägt. Es war und ist von großer Bedeutung, dass ich diese Haltung mit meiner Familie teilen kann, wie es überhaupt für das Leben unserer Familie wichtig ist, dass der Austausch über politische Themen und Diskussionen über politische und ethische Haltungen zum Alltag gehören.

Im folgenden – ersten – Exkurs will ich zeigen, wie mich die Auseinandersetzung mit dem Sprachgebrauch des Nationalsozialismus zur Beschäftigung mit dem öffentlichen Sprachgebrauch der DDR geführt hat. Dabei sind mir die Ähnlichkeiten beider – des NS-Staats wie der DDR – aufgefallen. Ich deute sie als Spezifika totalitärer Systeme. Kurz werde ich auch auf meine Versuche eingehen, einen Beitrag zur Beschreibung der LQI zu leisten.

Erster Exkurs: Lingua Tertii Imperii – Lingua Quarti Imperii[8]

Schon als Schülerin der Oberschule entwickelte ich ein Misstrauen gegenüber dem öffentlichen Sprachgebrauch in der DDR, der mir leer, phrasenhaft, pathetisch und unehrlich erschien. Dieses Misstrauen hatte seine Bestätigung in drei Büchern gefunden, die mich – auf verschiedene Weise – geprägt haben. Zwei von ihnen haben es mir überhaupt erst einmal möglich gemacht, die Sprache des Nationalsozialismus systematisch kennenzulernen, und mich damit auch in die Lage versetzt, mein Unbehagen an der öffentlichen Sprache der DDR zu verorten. Eines dieser beiden Bücher – die von Eugen Seidel und Ingeborg Seidel-Slotty 1961 vorgelegte Arbeit „Sprachwandel im dritten Reich"[9] – habe ich als Abiturientin gelesen. Die ausführlichen Exzerpte, die zeigen, wie genau meine Lektüre war, liegen ihm heute noch bei. Diesem Buch verdanke ich mehr als jedem anderen mein grundsätzliches Verständnis der Strukturen und Wirkungsmöglichkeiten des öffentlichen Sprachgebrauchs in totalitären Systemen. Es waren die ersten und damit besonders prägenden Einsichten in diesen Problemkreis, die ich bei der Lektüre gewonnen habe. Das Buch ist aus meiner Sicht auch heute noch eine nicht zu unterschätzende Quelle der Auseinandersetzung mit Sprache in totalitären Systemen. Es liefert eine systematische und – für die damaligen Möglichkeiten erstaunlich umfassende – Bestandsaufnahme des Sprachgebrauchs im „Dritten Reich". Das Fazit der Autoren, das

8 Dieser Exkurs lehnt sich an die Einleitung zu folgendem Sammelband an: Fix (2014).

9 Seidel/Seidel-Slotty (1961).

stark an die Entdifferenzierung des Sprachgebrauchs in der DDR erinnert, zu der ich später einiges geschrieben habe,[10] lautet:

> „*Im Dritten Reich vollzog sich eine Umwandlung und Verschmelzung der Sprachstile in einen einzigen* […] *eine nivellierende Beeinflussung des gesamten öffentlichen und privaten Schrifttums* […] *eine Durchdringung der ganzen Sprache, ganz gleich, ob es sich um Propagandareden, Zeitungsartikel aller Art* […] *wissenschaftliche Bücher oder private Korrespondenz handelt.*“ (Seidel/Seidel-Slotty 1961, VII)

Dass sich der Verlag „Sprache und Literatur“ (Halle) 1961 bereit gefunden hat, das Buch zu verlegen, ist in meinen Augen erstaunlich; denn wer es zu lesen verstand, erlebte einen Aha-Effekt: Die Ähnlichkeit vieler (wenn auch nicht aller) sprachlicher Gepflogenheiten mit dem Sprachgebrauch in der DDR lag auf der Hand – auch für mich. Meine damaligen Notizen zeigen das. So bestätigte und bestärkte das Buch meine kritische Sicht auf die Wirklichkeit, in der ich lebte. Den beiden viel zu wenig Wahrgenommenen – Ingeborg Seidel-Slotty und Eugen Slotty – möchte ich, indem ich sie hier nenne, ein kleines Denkmal setzen.

Das zweite der für mich entscheidenden Bücher ist Victor Klemperers „LTI. Notizbuch eines Philologen“[11], das sicher in keiner Lektüre-Biographie politisch und sprachlich interessierter junger Menschen der späten vierziger, der fünfziger und sechziger Jahre des 20. Jahrhunderts fehlt. Weniger systematisch-linguistisch als die Ausführungen der Linguisten Seidel und Seidel-Slotty ist „LTI“ aber zum einen umfangreicher, zum anderen in seiner erzählenden – Kontexte, Geschichten, Erfahrungen, Deutungen, Meinungen mitliefernden – Darstellung, die wir heute als

10 Siehe den Sammelband Fix (2014).

11 Klemperer (1966).

diskurslinguistisch bezeichnen könnten, ein äußerst komplexes kulturkritisches Dokument. Klemperers tagebuchähnliche Notizensammlung bot einen weiteren Anstoß, sich die Sprache des eigenen Umfelds genau anzusehen. So kam mir während des Studiums der Gedanke, dass man ähnlich wie Klemperer beobachten und sammeln müsse. In bescheidenem Maße habe ich dies getan. Nach 1989 lag eine ganze Reihe von Belegen, gedruckten Beispielen und Hörbelegen in meiner Schublade. Viel später erst habe ich in Klemperers Tagebuch das Konzept einer „Lingua Quarti Imperii" (LQI) entdeckt und mich dadurch in meinen Überlegungen zur Parallelität der Phänomene bestätigt gefühlt.

> *„Ich muss allmählich anfangen, systematisch auf die Sprache des vierten Reiches zu achten. Sie scheint mir manchmal weniger von der des dritten unterschieden als etwa das Dresdner Sächsische vom Leipziger. Wenn etwa Marschall Stalin der Größte der derzeit Lebenden ist, der geniale Stratege usw. […] Jedenfalls will ich unser Nachrichtenblatt und die Deutsche Volkszeitung, die mir jetzt zugestellt wird, genau sub specie LQI studieren."* (Klemperer Tagebuch, Montag 27. Juni 45, gegen 19h)[12]

Etwa zehn Jahre später habe ich Georg Klaus' Buch „Sprache der Politik"[13] gelesen. Das sich als wissenschaftliche, semiotisch fundierte Darstellung von ‚Agitation' verstehende Buch befasste sich nicht wie die Bücher von Seidel, Seidel-Slotty und Klemperer mit mittlerweile Zurückliegendem, auf das man nun mit dem Abstand des Überwundenen und mit historischer Erfahrung blicken konnte, sondern es widmete sich dem Sprachgebrauch der Gegenwart in der DDR, speziell der Sprache der politischen Agitation. Klaus will den Agitator, den Funktionär also, dessen

12 Klemperer (^{3}1999).

13 Klaus (1971).

Aufgabe die politische Einflussnahme auf die Überzeugung von Mitgliedern der Gesellschaft ist, auf wissenschaftlicher Grundlage zur Ausführung seiner Aufgabe befähigen und zieht dabei, wie es für die gesamte Selbstverständigung und Außendarstellung der DDR typisch war, durchgehend den Vergleich mit der Bundesrepublik heran. Das Anliegen seines Buches ist es, eine marxistisch-leninistische „wissenschaftliche Agitation" zu entwickeln, die dem Gebrauch der Sprache im „Klassenkampf" dient.

> *„Ziel unserer sozialistischen Agitation ist es, das Bewusstsein der neuen sozialistischen Menschen ständig zu entwickeln und damit ihre schöpferische gemeinschaftliche Aktivität bei der Gestaltung des entwickelten gesellschaftlichen Systems des Sozialismus entfalten zu helfen."*[14]

Zu diesem Zweck soll den Agitatoren die Wichtigkeit ihrer Aufgabe verdeutlicht und sollen ihnen rhetorische Instrumente an die Hand gegeben werden. Klaus unterscheidet strikt zwischen zwei grundsätzlichen Möglichkeiten, Einfluss auf die Meinung von Menschen zu nehmen, nämlich zwischen „imperialistischer Manipulation" einerseits, wie der „Klassenfeind" sie betreibt und gegen die er sich vielfach wendet, und „sozialistischer Menschenführung"[15] andererseits, die er nicht nur für legitim, sondern für unbedingt erstrebenswert hält.

> *„Wir wollen den Menschen zu selbstbewusstem und selbständigem Denken und Handeln, zur Durchsetzung seiner und seiner Gemeinschaft Interessen befähigen – sie wollen ihn so abrichten, dass er sich hierzu nie erhebt, dass er ein*

14 Klaus (1971: 10).

15 Klaus (1971: 11).

willfähriges Objekt der Gesetze und Mächte des Kapitals bleibt.“[16]

Klaus vergleicht die beiden Verfahren, indem er die Praktiken der „Manipulation“ ausführlich beschreibt und ihnen diejenigen der „sozialistischen Menschenführung“ entgegenhält. Um seine Unterscheidung von Manipulation und Agitation zu verdeutlichen, stellt er – gleichsam zur Abschreckung – eine große Zahl von Beispielen aus dem Sprachgebrauch der Bundesrepublik vor, wobei er sich auf Belege aus Medientexten konzentriert. Es machte mich damals nachdenklich, dass sich die Beschreibung der westlichen Manipulation wie eine Darstellung der faktischen, für jeden beobachtbaren Vorgehensweise der sozialistischen Propaganda liest. Klaus' Kritik am westlichen Gebrauch von Superlativen, Überhöhungen, Wiederholungen, an der Verwendung von Fremdwörtern und Namen im Dienste eines Personenkults etc. las sich für mich wie die Kritik am Sprachgebrauch der eigenen Gesellschaft, also der DDR. Ob Klaus es darauf angelegt hat, nur scheinbar die westlichen Methoden, in Wirklichkeit aber die Verfahrensweisen des eigenen Systems offen zu legen und zu kritisieren, ob er also ein Buch mit zwei Ebenen geschrieben hat, bleibt für mich bis heute offen. Ich habe es, unabhängig davon, ob es so gewollt war oder nicht, als doppelbödigen Text gelesen.

Durch diese Lektüre vorbereitet, konnte ich noch 1989 daran gehen, meine Vorstellung, man müsse eine Darstellung der Sprache in der DDR schreiben, in die Tat umzusetzen.[17] Das geschah in den folgenden Jahren, und zwar „aufsatzweise“. Mit jedem der Aufsätze erschloss sich mir ein Stück Sprach- und Kommunikationsgeschichte der DDR. Am Ende zeigt sich ein komplexes (wenn auch natürlich nicht vollständiges) Bild. Der gewählte thematische Weg führte mich vom Einzelnen zum Komplexen, die

16 Klaus (1971: 11).

17 Fix (2014).

Themen – vom Wort über den Text zum Diskurs – wurden im Laufe der Arbeit immer umfangreicher und vielschichtiger. Die ersten Beiträge widmeten sich dem Wortgebrauch und der Verwendung von Phraseologismen und Spruchformen – von Anfang an mit dem Blick auf den gegenwärtigen Gebrauch. So wurden zum Beispiel die von der SED verordneten affirmativen Losungen aus der Zeit der DDR sowohl den Demo-Sprüchen vom Herbst 1989 als Mittel des öffentlichen Widerspruchs gegenübergestellt als auch subversiven Graffiti aus der dem Herbst folgenden Zeit der Etablierung von Parteien und Verbänden. Es schloss sich in einer zweiten Phase die Untersuchung von Texten und Textkonglomeraten größeren Umfangs an, zum Beispiel solche, die der externen oder internen Beurteilung von Personen dienten. Das betraf Texte aus der Schule, aus der Arbeitswelt und aus dem Ministerium für Staatssicherheit. In diesen Themenkomplex gehörten auch Pressetexte verschiedener Art, von der Nachricht bis zum Leserbrief, deren Betrachtung es nötig machte, über die Rolle der Presse in der DDR unter dem Aspekt ihrer Sprache nachzudenken. Der nächste Schritt war, Formen sprachlichen Handelns, kommunikative Praktiken zu untersuchen. Im Mittelpunkt stand hier die Ritualisierung der Kommunikation: die rein wertebestätigende Funktion von Texten, wie sie in pluralen Gesellschaften nicht zu finden ist, wie sie aber in der DDR alle Bereiche des öffentlichen Lebens, auch die Presse, in überdurchschnittlichem Maße prägte. Schon am Anfang der Arbeit interessierten mich zudem die Einstellungen der von den politischen Veränderungen Betroffenen, also der Bürger der ehemaligen DDR, zur Sprache in der DDR wie auch zum veränderten Sprachgebrauch in den Folgejahren. In Interviews wurden Gesprächspartner gefragt, wie sie öffentliche Sprache und Kommunikation in der DDR erlebt haben und wie sie mit den sprachlichen Veränderungen umgehen, die die politische, wirtschaftliche und kulturelle Einheit mit sich brachte. Es ging darum zu erheben, was das jeweilige kommunikative Gedächtnis der Beteiligten gespeichert hatte, und deren

Einstellungen dazu zu erfassen. Es zeigte sich gerade an diesen sprachbiographischen Interviews,[18] wie eng politisches Denken und Handeln mit Sprache verbunden sind. Darauf folgte die strikt diskurslinguistische Phase meiner Auseinandersetzung. Von Anfang an bildeten Foucaults Arbeiten, vor allem „Die Ordnung des Diskurses“ und „Der Wille zum Wissen“, den theoretischen Hintergrund der Überlegungen, sodass alle Beiträge diskursbezogen angelegt sind. In der letzten Phase meiner Arbeiten zum Thema „Sprache in der DDR“ erweiterte sich der Fokus aber noch einmal beträchtlich. Ganze Diskursfelder gerieten in den Blick. Mein Interesse galt, nachdem ich in einigen grundsätzlicheren Beiträgen zur „Ordnung des Diskurses in der DDR“ versucht hatte, die Spezifik des Zusammenhangs von Macht und Sprache in einem totalitären Staat wie der DDR zu zeigen, einigen besonders hervorgehobenen Diskursbereichen. Ich fragte etwa, welche Regeln und Kommunikationsmöglichkeiten es für die Mitglieder der Kirche in der DDR mit ihren Freiräumen und ihrer besonderen Verantwortung gab. Weiter, welche Aufgaben Presse und Publizistik im Leninschen Verständnis der Presse als kollektiver Propagandist, Agitator und Organisator zu erfüllen hatten und wie sie gelöst wurden. Einen Schwerpunkt bildete der widerständige literarische Diskurs, am Beispiel der Samisdat-Veröffentlichungen. Welche Spezifika der Form hatten die Potenz, widerständig zu wirken? Diese Fragestellung beschäftigt mich noch heute.

18 Fix/Barth (2000).

Schulzeit, 17. Juni 1953, Junge Gemeinde, 13. August 1961, (erster) Studienbeginn

Nach dem damaligen Schulsystem besuchte ich von 1949 bis 1957 die Grundschule, die acht Klassen umfasste, und ging danach von 1957 bis 1961 auf die dem Gymnasium vergleichbare Oberschule, die nach vier Klassen mit dem Abitur endete. Hier zeigte sich wie so oft die Widersprüchlichkeit des Systems: Ich, obwohl kein „Arbeiterkind", durfte auf die Oberschule gehen, mein Bruder zwei Jahre zuvor durfte es nicht, weil er kein „Arbeiterkind" war.

Dass wir in beiden Schuletappen ziemlich strengen Ansprüchen an das Aufnehmen von Stoff zu genügen hatten, finde ich bis heute gut. Für das, was ich an Allgemeinbildung besitze, über die zu verfügen ich nach wie vor für notwendig halte, ist damals die Basis geschaffen worden. Ich erinnere mich aber auch, dass der Deutschlehrer, als im Deutschunterricht von Lessing die Rede war, hervorhob, der Schriftsteller sei in der Schule als ein „Pferd, das doppeltes Futter brauche" bezeichnet worden. Ich weiß, dass ich damals dachte, ein wenig mehr Futter könnten wir auch gebrauchen. Was mir fehlte, wenn ich es auch noch nicht so formuliert hätte, war das Herstellen von Zusammenhängen über ein Fach hinaus. Sicher entsprach diese Beschränkung dem allgemeinen Unterrichtsprinzip der Zeit, nicht nur dem der DDR. Hinzu kam aber, dass viele Gegenstände unter ideologischem Aspekt und daher äußerst einseitig, ja falsch behandelt wurden. So die Auffassung von Geschichte als einer Folge von Klassenkämpfen, die es schon in der Antike gegeben haben sollte. Einige Jahre darauf, als Studentin, wurde ich von meinem späteren Mann auf die „Synchronoptische Weltgeschichte" von Peters aufmerksam gemacht und war begeistert. Das genau war es, was mir in der

Schule gefehlt hatte und was es doch wert war, betrachtet zu werden: nämlich die Tatsache, dass alles mit allem in Zusammenhang gesehen werden muss: Wissenschaft, Technik, Geschichte, Literatur, Musik, Malerei, Ethik usw.

Einigen Lehrern der Oberschule, zum Beispiel dem Geschichtslehrer des ersten Oberschuljahres, verdanke ich viel. Er stellte Zusammenhänge her, führte uns zum folgerichtigen und kritischen Denken und vermittelte methodisches Herangehen. Er wäre sicher mein Lieblingslehrer geworden, wenn er nicht nach dem ersten Jahr an eine Grundschule aufs Dorf versetzt worden wäre, wo er die unteren Klassen, die ganz gewiss nicht sein Fall waren, zu unterrichten hatte. Wir vermuteten eine Strafe für „aufmüpfiges" politisches Verhalten hinter dem Vorgang. In meine Grundschulzeit fällt der Aufstand vom 17. Juni 1953. Ich war Mitglied der Jungen Gemeinde, einer Form der Gemeindearbeit der evangelischen Kirche, und wusste, dass diese zeitweise als illegale Organisation behandelt worden war, woraufhin es in der Zeit vor dem 17. Juni Schulverbot, ja sogar Gefängnis für die Mitgliedschaft gegeben hatte. Nach dem 17. Juni wurde das gemildert, sodass ich während der Oberschulzeit unbehelligt Mitglied sein konnte. Allerdings wurde uns in der Schule nahegelegt, das aus der Bekennenden Kirche übernommene silberne Abzeichen der Jungen Gemeinde, das Kugelkreuz, nicht zu tragen. Daran haben wir uns nicht gehalten. Die Junge Gemeinde war eine Möglichkeit, sich nach der Konfirmation mit Gleichgesinnten zu treffen. Ich empfand die Treffen als Ermutigung und auch als ein Bildungsangebot. Dort konnte man andere Dinge lernen als in der Schule, allem voran das offene und kritische Diskutieren religiöser, aber auch nichtreligiöser Themen und das Lesen und Besprechen von Literatur, die in der Schule nicht behandelt wurde. Dazu gehörten zum Beispiel Heinrich Böll, Wolfgang Borchert und Siegfried Lenz – im Lehrplan fehlende Autoren. So wurden Zugänge eröffnet, die uns sonst verwehrt gewesen wären. Was ist aus dieser Zeit für mein späteres Wissenschaftsgebiet geblieben? Ganz gewiss die

Lust am Gespräch und das Interesse an der deutschen Literatur der Nachkriegszeit. Mein bestes Erbe ist aber sicher die Liebe zu den Liedern Paul Gerhardts und die ziemlich genaue Kenntnis der Evangelientexte in der Luther-Fassung, deren Revisionen im 20. und 21. Jahrhundert ich später mit kritischem Interesse unter semiotischem Aspekt verfolgt und mit anderen um Transzendenzherstellung bemühten Texten verglichen habe.[19] In beiden Fällen ist es die Sprache, die mich berührt hat. Bis heute kann ich mir kein schöneres Sommerlied vorstellen als „Geh aus, mein Herz, und suche Freud" und bis heute kenne ich keine der zahlreichen neueren und neuen Bibelrevisionen der Evangelientexte, die der rhythmischen und bildreichen Sprache der Lutherschen Übersetzung gleichkäme. Alles in allem ist es nur folgerichtig, dass ich mich später intensiv mit den Themen Sprache und Religion, Sprache und Transzendenz, Politik und Religion, Ritualität in Religion und Politik und Textsorten im Bereich der Religion befasst habe, wovon auch die Themen von Seminaren[20] und ein interdisziplinäres Kolloquium zu Paul Gerhardt[21] zeugen.

Die Schulzeit endete 1961 mit dem Abitur. Nun sollte das Leben offen vor uns liegen, so hieß es in der Rede des Direktors auf der Abschiedsfeier. Dem entsprach die Wirklichkeit aber nicht: Am 13. August 1961 standen meine Eltern mit uns Kindern – wir machten Urlaub in Eisenach – auf dem Südturm der Wartburg und schauten in Richtung Hessen. Wir hatten am Morgen im Radio die Meldung vom Bau der Mauer in Berlin gehört und auf den Straßen aufgeregte Gespräche von Passanten mitbekommen. Wir wussten nun, dass wir nicht mehr in den „Westen" zu unseren Verwandten und Freunden fahren konnten, dass das nahe gele-

19 Fix (2015; 2017a; 2017b).

20 Hauptseminare zu diesem Themenbereich waren: Sprache und Kommunikation in religiösen Kontexten; Textsortenstil, Gruppenstil, Zeitstil, Individualstil; Typik im Bereich der Texte – Zitier-, Reproduzier- und Mustertextsorten; Der Spruch – Slogans und andere Spruchtextsorten.

21 Fix (Hrsg.) (2008).

gene Hessen, in ihrer Jugend eine Ausflugslandschaft der Eltern, nun endgültig unerreichbar geworden war, und fühlten uns durch den für uns unfassbaren Vorgang sehr bedrückt. Der Blick vom Turm der Wartburg war ein innerer Abschied.

Wie alle Abiturienten war ich im Anschluss an die Schulzeit zu zwölf Monaten Arbeit in einer Fabrik verpflichtet. Das hieß für mich, in einer Maschinenfabrik in Saalfeld zu arbeiten, um, wie es hieß, praktische Erfahrungen in der „sozialistischen Produktion" zu erwerben. Ich hatte es so nicht erwartet, aber ich empfand diese Zeit (soweit ich sie absolviert habe) als sehr nützlich. Ich wusste nun, wie es ist, wenn man – vielleicht sein ganzes Leben lang – im Akkord arbeiten muss, und empfand großen Respekt vor der Leistung der Frauen, mit denen ich zusammen arbeitete.

Nach einiger Zeit aber teilte mir die Schulleitung mit, sie habe die Bestimmung vernachlässigt, dass man mit der Abiturnote „mit Auszeichnung" sofort studieren und die Fachkombination wählen könne, die man studieren möchte. Diese freie Wahl war nicht der Normalfall. Ich wurde also mitten im Semester in Jena immatrikuliert, um Anglistik und Germanistik zu studieren. Allerdings habe ich das Studium, was heute unverständlich erscheinen mag, nach kurzer Zeit wieder abgebrochen. Diese Entscheidung fiel mir ganz und gar nicht leicht. Der Grund war, dass ich an der „vormilitärischen Ausbildung", die auch für Frauen obligatorisch war und zu der Übungen mit Waffen gehörten, nicht teilnehmen wollte. Ich wollte in Erinnerung an meinen Großvater und seine Worte „Nie wieder Krieg" auf keinen Fall ein Gewehr in die Hand nehmen. Also, glaubte ich, blieb mir keine andere Wahl, als zu gehen und auf ein Studium zu verzichten. Das war 1961. Erstaunlicherweise stellte sich bei meinem späteren Studium in Leipzig diese Frage nie wieder. Die Übungen zur „Zivilverteidigung" (vor allem Erste Hilfe), an denen man regelmäßig teilnehmen musste, waren kein moralisches Problem für mich. Eine späte Pointe dieser Geschichte ist die folgende: Im Frühjahr 1989 hatte ich eine Gruppe von Studenten, die Wehrsportübungen[22] absolvieren musste, zu „betreuen“. Ich stand auf dem Sportplatz und sah voller Befriedigung zu, wie eine Studentin, die – wie ich wusste – aus einer religiös geprägten Familie kam, also vermutlich dasselbe Problem wie ich vor etwa dreißig Jahren hatte, eine Eierhandgranatenattrappe ungerührt in die Hand nahm und sie einfach in einem äußerst ungeschickten Wurf lasch auf den Boden fallen ließ. So hättest Du es – dachte ich mir – damals auch machen müssen. Aber natürlich war die Situation im Jahr 1989 ganz anders, als sie es im Jahr 1961 war.

22 Wieso es diese Übungen 1989 statt der Zivilverteidigung für Frauen gab, weiß ich nicht mehr.

Ausbildung zur Buchhändlerin 1961–1963, Mauerbau, Lehre, Studienbewerbung

Noch im selben Jahr hatte ich die Möglichkeit, in Arnstadt eine Ausbildung als Buchhändlerin in einer „privaten" Buchhandlung zu beginnen. Das Interessante in dieser Zeit war für mich, dass die theoretische Fachausbildung in mehrwöchigen Kursen an der traditionsreichen Deutschen Buchhändler-Lehranstalt in Leipzig stattfand, die noch etwas von ihrem früheren Anspruch bewahrt hatte. Dort habe ich mich in einer Gruppe von künftigen Buchhändlerinnen wiedergefunden, die alle zwar das Abitur mit oft sehr gutem Erfolg bestanden hatten, aber aus politischen oder religiösen Gründen nicht zum Studium zugelassen wurden. Sie waren an der Schule in einer eigenen Klasse zusammengefasst (alle anderen Schülerinnen hatten den Zehn-Klassen-Abschluss). Mit den Schülerinnen der Abiturklasse zusammen zu sein war ungeheuer anregend, weil man sich in einem Kreis bewegte, der im widerständigen Denken geübt war und der auch kulturelle Zugänge hatte, die ich von meiner kleinen Heimatstadt nicht kannte. Die ausgezeichnete Deutschlehrerin, von der noch die Rede sein wird, hat – so ein Hörbeleg – die Schülerinnen dieser Abiturklasse sehr ironisch „spätbürgerliche Sumpfblüten" genannt.[23] Zu denen gehörte ich nun also. Mir ist die Leipziger Kultur in der Ausbildungszeit sehr nahe gekommen. Ein anderer Grund, diese Jahre sehr anregend zu finden, war, dass Marie-Luise Bewer, die schon erwähnte Lehrerin, das Fach Literaturgeschichte unterrichtete. Sie brachte mir die disziplinenübergreifende Sicht auf die Phänomene nahe, die mir in der Schule gefehlt hatte, und stellte sehr hohe

23 Riese (2017: 206).

Ansprüche. So hatte sie mir für meine Abschlussarbeit im Fach Deutsch die Aufgabe gestellt, einen Überblick über das Faust-Motiv in der Literatur zu geben. Natürlich war das eine unlösbare Aufgabe (das war ihr ganz sicher bewusst und sie wird nicht mit Vollständigkeit gerechnet haben), aber es war eine Herausforderung, die ich gern annahm. Von Arnstadt war es nicht weit zur berühmten Faust-Sammlung der Herzogin-Anna-Amalia-Bibliothek in Weimar. Wie es dazu kam, dass ich zu der damals nicht öffentlichen berühmten Stummeschen Sammlung (mehr als 10.000 auf Faust bezogene Drucke, Handschriften und andere Objekte) Zutritt erlangte, weiß ich nicht mehr. Aber eines weiß ich: Mit dieser Arbeit hatte ich Feuer gefangen, sowohl für das Faust-Thema als auch für das Thema Puppenspiel (das begegnete mir bei Goethe in diesem Kontext ja sofort) und darüber hinaus für das wissenschaftliche Arbeiten überhaupt.

Der Abschluss der Lehre mit einer „Facharbeiterprüfung" theoretischer und praktischer Natur brachte mir den Facharbeiterstatus ein. Das bedeutete, die Herkunft aus einer „kapitalistischen" Familie verschwand aus meinen Unterlagen. Ich gehörte nun nach dem Papier der Arbeiterklasse an. Ob das je praktisch bei einer Einstellung eine Rolle gespielt hat, weiß ich nicht. Jedenfalls war ich nun im Jahr 1963 Buchhändlerin und Studentin der Germanistik und Anglistik.

Zweiter Exkurs: Leipzig und anderswo – eine Welt der Bücher

Ich habe in einer Buchstadt studiert und gearbeitet. Was heißt ‚Buchstadt'? Für mich natürlich zuerst, dass Leipzig die Stadt meiner buchhändlerischen Ausbildung war. Neben der Deutschen Buchhändler-Lehranstalt und den Bibliotheken, die mich als Studentin angingen, bot die Stadt eine Fülle weiterer Institutionen, die mit dem Buch zu tun hatten, sodass sie den Namen „Buchstadt" wohl verdient hat.

Deutsche Buchhändler-Lehranstalt

Ich war als Schülerin der Deutschen Buchhändlerlehranstalt, ohne mir dessen bewusst zu sein, Teil einer traditionsreichen Institution. Zu deren Geschichte und Bedeutung schreibt der Kenner des Leipziger Buchwesens Reimar Riese:

> *„Sie zählt zu den besonders hell strahlenden Sternen über der einstigen Buchstadt Leipzig: die Deutsche Buchhändler-Lehranstalt. Diese erste Berufs- und Fachschule in Deutschland überhaupt sollte planlose praktische Lehre in Ausbildungsbetrieben durch planvolle schulische Bildung ergänzen. Gut fünfzig Jahre bevor sich ein modernes Ausbildungssystem in Deutschland durchsetzte, begriff der damals boomende Buchhandel den Vorteil dualer Lehrlingsausbildung und den Wert der Fortbildung."*[24]

24 *Leipziger Blätter* 74, Frühjahr 2019, 20.

An anderer Stelle heißt es:

> *„Mit Gründung der DDR verlor* [sie] *Eigenständigkeit und Fachschulanspruch. Sie wurde verstaatlicht und zur Zentralen Berufsschule, an der Lehrlinge aus allen Bezirken einen Spezialkurs zu absolvieren hatten."*[25]

Wie habe ich mich an dieser Schule gefühlt? Ich wusste damals noch wenig über deren Geschichte, aber man spürte bei manchen Lehrern den Stolz auf ihre Tradition und das (manchmal auch ausgesprochene) Bedürfnis, ihrem ehemaligen Ruf gerecht zu werden. So begann ich damals, die Bedeutung Leipzigs als Stadt der Verleger, Buchhändler und Drucker zu verstehen. Der Anspruch auf Niveau, auf ein weitgefächertes Wissen über Autoren, über Kunst-, Literatur- und Wissenschaftsgeschichte war zu erkennen.

Deutsche Bücherei

Die Leipziger Wissenschaftler und Studenten hatten den unschätzbaren Vorteil, dass es in Leipzig die Deutsche Bücherei (heute: Deutsche Nationalbibliothek, Standort Leipzig) gab. Sie war 1913 in Leipzig als Archiv des gesamten deutschen Schrifttums gegründet worden und hatte nach der Vorstellung ihrer Gründer die Aufgabe, alle auf Deutsch erscheinenden Publikationen zu sammeln. So kam es, dass auch nach der Teilung Deutschlands die westdeutschen Verlage aus eigenem Entschluss nahezu geschlossen je zwei Exemplare ihrer Produktionen kostenlos an die Deutsche Bücherei abgaben. Auf diese Weise behielt der Satz „Freie Statt für freies Wort, freier Forschung sichrer Port, reiner Wahrheit Schutz und Hort", der über dem Eingangstor der

25 Riese (2017: Rückentext).

Deutschen Bücherei zu lesen war, etwas von seiner Gültigkeit. Diese Möglichkeit habe ich eifrig genutzt. Ich fühlte mich dort zuhause und denke heute an die Aufenthalte in den schönen Lesesälen mit Wehmut. Ich kann aber auch nicht vergessen, wie es war, wenn man Bücher aus dem „Giftschrank", also nach ideologischen Gesichtspunkten selektierte Literatur, brauchte. Das hieß, dass man sich auf steilen Treppen in ein Türmchen der Bibliothek, in den Lesesaal für selektierte Bücher, zu begeben hatte. Das war schon räumlich beklemmend. Wenn man in den speziell bewachten Raum eintrat, wusste man, dass man beobachtet wurde. Bücher und Zeitschriften wurden gebracht, man durfte nicht selbst an die Regale gehen. Hatte man eine Zeitschrift vor sich liegen, wurde darauf geachtet, dass man wirklich nur die gestatteten Seiten las. Dennoch war die Deutsche Bücherei für mich wie für viele andere der ideale Arbeitsort, an dem man die geistigen Beschränkungen, denen man ausgesetzt war, vorübergehend vergessen konnte.

Universitätsbibliothek

Natürlich ist hier auch die Universitätsbibliothek zu nennen, bis 1994 ein imposantes, aber durch den Krieg schwer zerstörtes Gebäude im Stil der Neorenaissance. Es wurde in den Jahren 1994–2002 endlich wieder aufgebaut, technisch vervollkommnet und beeindruckt heute mit seiner Pracht. Anders als zu meiner Studienzeit ist sie heute ein stark genutztes wissenschaftliches und kulturelles Zentrum, das neben dem reichen Bücherbestand Veranstaltungen und Ausstellungen anbietet.

Buchhandlungen

Was machte Leipzig noch zur Buchstadt? Selbstverständlich die Buchhandlungen. Als ich als Abiturientin an die Deutsche Buchhändler-Lehranstalt zu Leipzig kam, hatte ich natürlich schon eine Vorstellung von dem Stellenwert, den Buchhandlungen für eine Gemeinschaft haben. In Arnstadt mit seinen 30.000 Einwohnern gab es, wenn meine Erinnerung stimmt, vier Buchhandlungen, die staatliche, gut belieferte Volksbuchhandlung, eine eher auf Kunst spezialisierte und eine evangelische Buchhandlung, und schließlich meine Lehrbuchhandlung, die neben einem guten Angebot an Belletristik die benachbarten Kliniken mit medizinischer Fachliteratur und Studenten der Ilmenauer technischen Hochschule mit naturwissenschaftlicher Literatur versorgte. Die Erfurter Buchhandlung Peterknecht, die größte katholische Buchhandlung der DDR, und die Jenaer Buchhandlung Albert Steen – bis heute bekannte Namen – waren für alle Thüringer Buchhändler der Inbegriff einer guten Buchhandlung. Die Thelemannsche Buchhandlung mit Antiquariat und Antiquitäten, geleitet ab 1954 von Katharina Becker in Weimar, kannte man als den Ort, an dem man etwas Überraschendes entdecken konnte.

Leipzig aber war im Vergleich dazu noch etwas ganz Anderes. Die Stadt war damals gesegnet mit einer Fülle von Buchhandlungen und Antiquariaten, teils auch Kunsthandlungen, die es an allen Ecken und Enden der Innenstadt und auch in den Vorstädten gab. Hier waren Entdeckungen immer möglich. Hier war man in einer Welt von Geschichte, Wissenschaft, Belletristik, Kunst, Philosophie, in die man aus dem engen Rahmen des vorgeschriebenen Denkens fliehen konnte.

Einige Buchhandlungen seien genannt: zuerst die private Buchhandlung Genth in der Grimmaischen Straße, in der alle Lehrlinge aus Privatbuchhandlungen ihre praktische Prüfung als Buchhändler zu absolvieren hatten. Die Prüfung wurde von dem allseits geachteten, aber von uns Lehrlingen gefürchteten Prokuristen Kurt Bock abgenommen. Er galt als sehr anspruchsvoll und prüfte unerbittlich, so hieß es, Kenntnisse zu Buchhandelsbetriebslehre und kaufmännischer Korrespondenz, zu Nachschlagewerken, Arbeitstechniken, Institutionen des Verlagswesens und Buchhandels, zu Formen des Umgangs mit den Kunden usw. Unsere Furcht vor ihm war unbegründet. Alle aus unserem Jahrgang haben die Prüfung bestanden.

Die Volksbuchhandlung „Franz-Mehring-Haus", gelegen am Karl-Marx-Platz, dem früheren und heutigen Augustusplatz, ganz in der Nähe des alten Universitätsgebäudes, erfüllte die Aufgabe einer Universitätsbuchhandlung. Das war vor allem dann zu bemerken, wenn man ein Buch erwerben wollte, von dem es nur eine kleine Auflage gab – teilweise aus Gründen der Papierknappheit, oft aber auch, weil das Buch von besonderem literarischen oder politischen Interesse war. In solchen Fällen gab es viele Interessenten, sodass die Auflage nicht ausreichte. Man bekam das Buch dann unter Vorlage des Institutsausweises des Germanistischen Instituts vielleicht doch. Christa Wolfs „Nachdenken über Christa T." habe ich auf diese Weise erworben. Es wurde aus einem Nebengelass geholt.

Im Erdgeschoss des Messehauses am Markt, das es heute nicht mehr gibt, hatte die „Internationale Buchhandlung" ihren Platz. Sie wurde wie alle Internationalen Buchhandlungen in der DDR mit der eigenen Buchproduktion bevorzugt beliefert und hatte internationale Belletristik und Fachliteratur im Sortiment, zum Teil auch sprachwissenschaftliche Literatur. Bücher von „westlichen" Verlagen gab es nach meiner Erinnerung nicht. Allerdings mit einer Ausnahme, die aber nur Eingeweihte kannten. Nach der jährlichen Buchmesse, auf der Verlage der westlichen wie der östlichen Welt vertreten waren, wurden Ausstellungsexemplare zum Verkauf in diese Buchhandlung gegeben. Soweit ich mich erinnere, handelte es sich vor allem um wissenschaftliche Literatur. Man konnte, wenn man Glück hatte, solche Titel während der Messe vorbestellen und nach deren Ende erwerben.

Vor mir liegt die von Herbert Pilch und Helmut Richter für Eberhard Zwirner herausgegebene Festschrift „Theorie und Empirie in der Sprachforschung", 1970 bei Karger, Basel/München/Paris/New York, erschienen. Diesen Band habe ich auf die beschriebene Weise erstanden – zu einem für unsere damaligen Verhältnisse unvorstellbar hohen Preis.[26] Ich muss mich zum Kauf entschlossen haben, weil das Buch wichtige programmatische Aufsätze zur Entwicklung der Linguistik enthielt, zum Beispiel Beiträge von Gerold Ungeheuer zu Wegen zeitgenössischer Linguistik, Helmut Schnelle zum Verhältnis von Theorie und Empirie in der Sprachwissenschaft und vor allem von Peter Hartmann zur Theoretisierung der Linguistik – Aufsätze, die ich unbedingt lesen wollte und die mein Denken dann auch stark bestimmt haben. Es ist interessant, heute meine Anstreichungen zu sehen und zu schlussfolgern, was mir damals wichtig war.

Drei Anstreichungen als Beispiel: Ich sehe im Vorwort des vor mir liegenden Buches die Feststellung angestrichen, dass die Sprachwissenschaft als eigene Fachdisziplin neben den vielen Einzelphilologien zumindest in Deutschland noch nicht anerkannt sei. Im Folgenden werden die theoretischen Grundlagen einer den Einzelphilologien übergeordneten Sprachwissenschaft diskutiert. Eine solche Selbstreflexion war mir neu und interessant. Das Fach, in dem ich arbeitete, musste sich also erst selbst finden.

Aus dem Aufsatz von Peter Hartmann[27] „Zur Theoretisierung der Linguistik" habe ich unter anderem zwei auf die Zukunft verweisende Textstellen markiert. Es geht um Interdisziplinarität und angewandte Sprachwissenschaft – damals ganz neue Gedanken – und die Rolle der sich gerade erst formenden Textlinguistik:

26 Gewünschte Bücher westlicher Verlage kaufen zu können war aber die Ausnahme.

27 Hartmann (1970).

> *„Die heutige Situation der Linguistik ist von einer* […] *Tatsache bestimmt: Die sich um die Linguistik herum entwickelnden Wissenschaften stellen diese vor eine Fülle von Anregungen, Vorschlägen und Anforderungen, wie die weitgehende Mathematisierung von Forschungsbereichen, die Datenverarbeitung* […] *Hinzu kommen bestimmte Fragen und Forderungen* [der] *Gesellschaft* […] *Fragen der Schule, des Sprachenlernens, der Rolle der Sprache in der Gesellschaft, Sprache und Manipulation usw.*“[28]

Eine künftige Aufgabe der Sprachwissenschaft sei die

> *„Textlinguistik als zu entwickelnde Teildisziplin, da hier Produkte der Verwendung von Sprachsystemen vorliegen; hierdurch ergäben sich Kooperationsmöglichkeiten nach mehreren Seiten, da fast alle nichtlinguistischen Disziplinen der Sprache in ihrer manifesten Form als Textrealisation begegnen und sie daraufhin behandeln.*“[29]

Weiter heißt es da, es seien „Textsorten zu unterscheiden“. Aus heutiger Sicht ist das prophetisch gewesen.

Heute ist die Zahl der Buchhandlungen stark zurückgegangen, Buchhandelskonzerne wie Thalia und Hugendubel sind an ihre Stelle getreten. Aber es gibt doch noch Buchhandlungen, die Überraschungen bereithalten und eine eigene Atmosphäre bieten. Ich nenne als Beispiel die „Connewitzer Verlagsbuchhandlung“ mit ihrer Zweigstelle „Buchhandlung Wörtersee“. Sie wurde 1990 als Sortimentsbuchhandlung mit Verlag im Stadtteil Connewitz gegründet, zog später in die Leipziger Innenstadt und wurde zu einem der interessantesten literarischen Treffpunkte der Stadt. Man findet dort Belletristik, Lyrik, Kinderbücher, Buchreihen

28 Hartmann (1970: 87).

29 Hartmann (1970: 89).

wie die Insel-Bücherei und die Bibliothek Suhrkamp, signierte Bücher, ein großes Angebot an englischsprachiger Literatur, ein modernes Antiquariat, vor allem aber auch eigene Publikationen. Darin besteht sicher die einzigartige Leistung des Gründers Peter Hinke. Er verlegt Lyrik und Prosa von Autorinnen und Autoren der jungen, aber auch der älteren Generation und legt Wert auf die besondere künstlerische Gestaltung seiner Publikationen. Mehrfach wurden in der Connewitzer Verlagsbuchhandlung erschienene Bücher durch die Stiftung Buchkunst ausgezeichnet und mehrere Male erhielt sie den Deutschen Buchhandlungspreis. Alles in allem ist diese Buchhandlung ein Ort, wie man ihn sich als bücherliebender Mensch nicht schöner vorstellen kann.

Buchmesse

Der Höhepunkt des Buchlebens in Leipzig war die Buchmesse. Das ist sie auch noch heute. Sie fand in der Zeit der DDR zunächst zweimal jährlich und ab 1973 nur noch im Frühjahr statt, eine Beschränkung, die einen Rekord an ausstellenden Verlagen mit sich brachte. Es beteiligten sich Aussteller aus Ost und West. Die Messe war eine begehrte Informationsmöglichkeit für Fachleute wie für Nichtfachleute; jeder konnte die Messe jederzeit besuchen. Seit Anfang der 60er Jahre fand sie sehr zentral im neu erbauten Messehaus am Markt statt. An die offene, interessierte und fast festliche Atmosphäre in dem meist überfüllten Haus erinnere ich mich noch heute. Inzwischen gibt es etliche Berichte über den „Bücherklau" als Phänomen dieser Messe. Man bekennt sich dazu, weil jemand, der *Bücher* „mitnehme", kein schlechter Mensch sein könne. Auch ich habe einmal der Versuchung nachgegeben und zwei Taschenbücher eingesteckt. Sie liegen jetzt, mit Bleistiftanmerkungen reich versehen, neben mir. Es waren Jerrold J. Katz (1969): Philosophie der Sprache. Frankfurt am Main: Suhrkamp. und John Lyons (1971): Noam Chomsky. München:

dtv – Bücher, die ich für meine Dissertation zu brauchen glaubte, die ich auf meinem Schreibtisch liegen haben wollte und die ich anders nicht bekommen konnte. Die Geschichte: Ich fragte am Stand, ob ich das jeweilige Buch nicht erwerben könne. Natürlich wusste ich, dass das unmöglich war. Es trat vielmehr die Situation ein, die mir Bekannte zuvor schon geschildert hatten. Der Standvertreter sagte mir, verkaufen dürfe er leider nichts. Im Übrigen ginge er jetzt erstmal Kaffee trinken und ich solle mich in Ruhe umsehen. Das empfand ich nur zu gern als einen Wink, die Bücher mitzunehmen. Vom Verlag aus würde mir nichts geschehen. Und ich war allein, also auch kein Beobachter in der Nähe. So fühlte ich mich weder unmoralisch noch besonders gefährdet; denn – so sagte ich mir damals –, es sei ja geistiger Mundraub, der mit Augenzudrücken erlaubt worden sei, und die Stasi sei nicht anwesend. Erst bei der Lektüre von Stasi-Unterlagen nach 1989 ist mir bewusst geworden, wie gefährlich dieser „Mundraub" hätte werden können. Dass es Taschenkontrollen beim Verlassen des Messehauses geben könnte, hätte ich mir eigentlich denken müssen.

Verlage in Leipzig und anderswo

Was fehlt noch bei der Beschreibung Leipzigs als Buchstadt? Natürlich sind es die Verlage. In Leipzig waren etwa 35 Verlage angesiedelt, bedeutende und kleine.[30] Ich nenne nur die wichtigeren: Akademische Verlagsgesellschaft Geest & Portig K.G., Johann Ambrosius Barth, Bibliographisches Institut Leipzig, Breitkopf & Härtel, F.A. Brockhaus Verlag, Deutsche Zentralbücherei für Blinde, Deutscher Verlag für Musik, Dieterich'sche Verlagsbuchhandlung, Edition Leipzig, Edition Peters, Verlag Enzyklopädie,

30 *https://de.wikipedia.org/wiki/Liste_von_DDR-Verlagen.* Letzter Zugriff am 04.12.2021.

Fachbuchverlag, Fotokinoverlag, Verlag für die Frau, Harth Musik Verlag, S. Hirzel Verlag, F. Hofmeister Musikverlag, Insel-Verlag Anton Kippenberg, Gustav Kiepenheuer Verlag, Koehler & Amelang, Paul List Verlag, Mitteldeutscher Verlag Leipzig/Halle, Verlag Philipp Reclam jun., E.A. Seemann, Kunstverlag H. C. Schmiedicke, St. Benno-Verlag, B. G. Teubner Verlagsgesellschaft, Georg Thieme, Urania Leipzig, Jena, Berlin.

Die Zusammenarbeit mit den Verlagen in Leipzig und Halle, mit denen ich direkt oder indirekt zu tun hatte, war immer produktiv. Mein erster Sammelband, 1988 mit dem Verlag Enzyklopädie vereinbart, erschien1990 unter dem Titel „Beiträge zur Stiltheorie". Andere Projekte gingen als Folge der „Wende" leider unter, so ein großes Wörterbuchprojekt, das nicht umgesetzt werden konnte. Sein Titel war „Integratives Minimalwörterbuch der deutschen Gegenwartssprache ‚Sprachschatz – Der *reichthum* der Sprache im Wörterbuch'". Wörterbücher mit nichtalphabetischem Ansatz, also zum Beispiel Sammlungen von Wortfamilien, Sachgruppen, Wortfeldern, Kommunikativen Formeln, Wortgeschichten sollten erarbeitet werden und einen Gesamtkomplex bilden. Von den bereits konzipierten Wörterbüchern ist ein einziges erschienen: „Allgemeinwortschatz der DDR-Bürger – nach Sachgruppen geordnet und linguistisch kommentiert", erarbeitet mit Marianne Schröder, Heidelberg 1997.

1990 gab es eine Buchvorstellung des Verlags Gustav Kiepenheuer, auf der die in der Gustav Kiepenheuer Bücherei 1989 erschienene Anthologie „Sprichwenndukannst. Schriftsteller über Sprache" vorgestellt wurde. Mein Kollege, der Literaturwissenschaftler Horst Nalewski, und ich hatten sie herausgegeben und mit zwei Nachworten versehen. Der Einband des Buches war von Lothar Reher, zusammen mit Marlies Hawemann, gestaltet worden. Wie die gesamte Reihe seit Ende der 1970er Jahre ist die Gestaltung dieses Bandes gekennzeichnet durch einen strengen Umgang mit verschiedenen Schrifttypen und der Gestaltung der Fläche durch den Wechsel von schwarz und weiß mit wenigen

Linien in einer anderen Farbe. Diese sehr erfolgreiche Reihengestaltung wurde bis etwa 1990 umgesetzt. Lothar Reher galt und gilt als einer der besten Buchgestalter der DDR. Meinem einzigen nichtsprachwissenschaftlichen Buch ist mit der Gestaltung durch ihn eine große Ehre zuteil geworden.

Der Wechsel in die westliche Verlagswelt bot keine Schwierigkeiten. Die Mitherausgeberschaft der GERMANISTIK im Niemeyer-Verlag von 1994 bis 2013 hat mich sehr eng an den traditionsreichen Verlag, der mir schon ein Begriff war, gebunden. Die Reihen „Leipziger Arbeiten zur Sprach- und Kommunikationsgeschichte“ und „Leipziger Skripten. Einführungs- und Übungsbücher“ im Verlag Peter Lang Frankfurt am Main/Berlin/Bern waren, angeregt und vielfach unterstützt vom Verlag, sehr erfolgreich. Besonders einige der Einführungsbücher in der Skriptenreihe erwiesen sich als „Renner“. Produktiv war auch die Zusammenarbeit mit dem Universitätsverlag C. Winter Heidelberg, mit dem Erich Schmidt Verlag Berlin, mit dem Stauffenburg Verlag Brigitte Narr Tübingen und dem Verlag De Gruyter Berlin/New York/Boston.

Frank & Timme

Zu der Entscheidung, mich aber schließlich mit meinen Publikationswünschen vor allem an den unabhängigen Verlag Frank & Timme zu wenden, bin ich im Laufe der Zusammenarbeit sehr bald gekommen. Ich war so beeindruckt von dem Mut, der Risikobereitschaft, dem Ideenreichtum, der Offenheit gegenüber Vorstellungen der Autoren, die seit der Gründung des Verlags 2004 die beiden Verlegerinnen und später dann Karin Timme allein gezeigt haben, dass ich mich entschloss, den Konzernverlagen, mit denen ich mittlerweile zu tun hatte, wo immer es ging, den Rücken zu kehren und Frank & Timme zu meiner verlegerischen Heimat zu machen. Ich wurde sehr gut aufgenommen und habe diesen Schritt nie bereut. Immer, wenn ich mit einer aus meiner Sicht etwas gewagten Idee kam und gleich die Bedenken selbst zu äußern begann, sagte Karin Timme etwa „Aber das können wir doch lösen". In der Youtube-Folge „Schattenkabinett" vom 25.3.2021[31] sagt Karin Timme auf die Frage nach dem Charakter eines unabhängigen Verlages im Vergleich zu einem Konzernverlag: „Ich bin direkt verantwortlich für das, was ich tue, und ich habe ein Gesicht für die Autoren, für die Buchhändler, für die Bibliothekare, für die Zwischenbuchhändler. Ich bin immer ansprechbar [...]. Ich bin kein bestellter Manager, der bestimmte Zielvorgaben hat, der am Ende präsentieren muss." Das Gesicht für die Autoren zu sein – das ist es, wofür ihr sicher alle ihre Autoren dankbar sind, und das ist, denke ich, der entscheidende Unterschied zu den Konzernverlagen. Sie bekennt sich in dem Gespräch weiter dazu, dass das Kulturgut Buch für sie essentiell sei und dass es die jahrhundertealte Tradition des Lesens noch sehr lange geben werde. Welcher Autor, welche Autorin hört das nicht gern?

Auf der Website von Frank & Timme findet sich ein ermutigendes Motto:

> *„In einer stetig komplexer werdenden Welt sind die Geistes- und Sozialwissenschaften wichtiger denn je. Davon sind wir überzeugt und deshalb sind sie bei uns Programm."*

Diesem Verlagskonzept stehen Erlebnisse mit Konzernverlagen gegenüber, die das Gefühl vermitteln, eine Nummer unter Nummern zu sein. Gerade in letzter Zeit habe ich diese Erfahrung gemacht. Man wird wie eine anonyme Person und nicht wie eine vom Verlag gewünschte Autorin behandelt. Als Autorin eines thematisch gebundenen Heftes hatte ich Anlass, mich über ein

31 *https://www.youtube.com/watch?v=kA583811-fY*. Letzter Zugriff am 11.11.2021.

Schreiben des Verlags, das im Ton unangemessen war, zu beklagen. Die Antwort darauf:

> *„Ich gehe mit Ihnen völlig d'accord, dass unsere standardisierten Anschreiben nicht vollständig dem Anspruch an eine einwandfreie Konversation genügen, muss Sie aber um Verständnis bitten, dass wir bei über 3000 Zeitschriften nicht jede Statusänderung mit einer persönlich verfassten Antwort kommunizieren können. Dass zudem unsere Vorlagen für diese Standard-eMails nicht von geübten Verwendern der deutschen Sprache verfasst worden sind – obwohl mir die Anwesenheit zumindest von Computer-Linguisten im betreffenden Team bekannt ist –, ist selbstverständlich gleichfalls bedauerlich.“*

Soviel habe ich verstanden: Das seit der antiken Rhetorik geltende Prinzip, dass es dem Autor, hier dem des standardisierten Antwortbriefes, obliegt, das Gemeinte möglichst klar zu vermitteln, und dass zunächst er die Verantwortung für das Verstehen bzw. Missverstehen seiner Mitteilung trägt, wird hier außer Kraft gesetzt. Die Tatsache, dass der Verlag über 3000 Zeitschriften (und natürlich sehr viele andere Publikationen) herausgibt, dass man also im Verlag sehr viel zu tun und daher wenig Zeit hat, sollte zur Nachsicht gegenüber solchen Schriftstücken des Verlags führen. Das bedeutet, die Verstehensmühen lägen bei den Adressaten, im zur Rede stehenden Fall bei mir. Sowohl die Qualität der Arbeit der Autoren als auch der Umgang mit ihnen scheinen neben der überwältigenden Fülle der Produkte und der monetären Interessen nur noch Nebensache zu sein.

Und wie steht es heute mit Leipzig, nachdem nach 1989 viele Verlage aufgeben mussten bzw. in westliche Bundesländer übergesiedelt sind? 2018 verlegte der auf jüdische Kultur und Zeitgeschichte spezialisierte Hentrich & Hentrich Verlag sein Büro von Berlin nach Leipzig. Die Verlagsleiterin Nora Pester sagte auf der Willkommensfeier am 28.11.2018, dass sie unterschätzt habe, wie tief das Buch als Tradition, als Kulturobjekt in dieser Stadt verwurzelt sei.

> *„Ich dachte, das wäre alles vergangen und vergessen, und die Wurzeln seien ausgerissen. Aber da habe ich mich sehr getäuscht. Eher scheint es, dass man nur darauf wartet und alles, was irgendwie mit dem Buchgewerbe zu tun hat, willkommen heißt.* […] *Mit manchen Sachen erreicht man im Handumdrehen die gesamte Stadtgesellschaft. Ich habe völlig unterschätzt, was es hier und auch überregional für interessante Personen und Projekte gibt.*“[32]

Diese Erfahrungen finde ich sehr beruhigend. Leipzig ist noch eine Buchstadt, also auch eine Verlagsstadt.

Bücher waren natürlich immer wichtig. Nach Abschluss des Studiums bestimmten sie unser Leben noch mehr: Mein Mann arbeitete in verschiedenen Verlagen (Aufbau-Verlag Berlin und Weimar, Bibliographisches Institut Leipzig und Edition Leipzig) – immer mit Herz und Seele. Eine enge Freundin war Lektorin im Insel-Verlag – auch sie mit Herz und Seele. Unsere Gespräche im Familien- und Freundeskreis hatten zu einem großen Teil verlegerische Probleme zum Thema: Titel, Projekte, Zensur, Autoren, Druckgenehmigung, Papierknappheit … Ich habe dabei viel gelernt.

32 *Leipziger Blätter* 74, Frühjahr 2019, 57.

Zweiter Studienbeginn. Studium 1963–1968, Weggang Hans Mayers, meine Lehrer, Umbau des Studienprogramms, Strukturalismus/Kybernetik, Prager Frühling

Der schon genannten Lehrerin an der Buchhändler-Lehranstalt verdanke ich, dass ich doch noch studiert habe. Sie hat mich dazu gedrängt, und ich habe mich zunächst mit halber, später mit ganzer Überzeugung in Leipzig beworben. Nach einer ziemlich anspruchsvollen Aufnahmeprüfung bekam ich die Zulassung. Die Eröffnungsfeier für das Studienjahr 1963/64 überraschte mich. Der wegen seiner volkstümlichen Haltung beliebte Rektor Georg Mayer, Vertreter der „Volks- und Weltwirtschaftslehre", gab uns Neuen als Motto mit auf den Weg, man dürfe im Leben, also auch im Studium, nichts hinnehmen, sondern man müsse alles Gesagte kritisch aufnehmen und selbständig überprüfen. Ich hätte mich gern über das Gehörte gefreut, aber ich konnte nicht glauben, dass uns eine solche Haltung möglich sein sollte. Wie begründet meine Bedenken waren, zeigte sich gleich am „Fall Hans Mayer". Ich komme darauf zurück. Besonders deutlich aber und in seiner Offenheit verblüffend war der diametral entgegengesetzte Satz, den wenige Jahre später eine mir vorgesetzte Sprachwissenschaftlerin in ihrer Funktion als Parteisekretärin der SED zu mir als junger Assistentin, die ich weder ihrer noch einer anderen Partei angehörte, sagte: „Frau Fix, Sie haben einen grundsätzlichen Fehler. Sie denken zu viel. Sie werden hier nie etwas werden." Sie fügte hinzu, ich müsse es doch akzeptieren, dass „die über mir" – Partei- und Staatsführung – das bessere Urteil hätten. Wer hatte nun recht: der Rektor oder die Parteisekretärin? Die Wirklichkeit zeigte, dass der Rektor mit seiner Meinung – vielleicht Resultat einer gutgemeinten Selbsttäuschung – nicht recht hatte, nicht für die Situation an seiner Universität und nicht für die des Staates DDR insgesamt. Allerdings behielt, wie sich später zeigen sollte, auch die Parteisekretärin nicht recht. Darauf komme ich noch zu sprechen.

Zum Fall „Hans Mayer“: Ich hatte mich nicht wieder in Jena, sondern in Leipzig beworben, weil damals für Studienanwärter der Germanistik in der DDR der Ruf Leipzigs ziemlich legendär war. Das lag vor allem an Hans Mayer, der von 1948 bis 1963 an der damaligen Karl-Marx-Universität, zuletzt als Professor für neuere deutsche Literaturgeschichte, lehrte. Die bis heute anhaltende Bewunderung damaliger Studenten für ihn ist für Literaturwissenschaftler aus den alten Bundesländern, die kultur- und literaturhistorisch bzw. literaturtheoretisch einen anderen Rahmen haben, offensichtlich nicht leicht verständlich.[33] Daher dazu noch ein Wort: Was von prägender Bedeutung war, was Studenten aller Fakultäten in seine stets überfüllten Vorlesungen zog, war die Tatsache, die sich schnell herumgesprochen hatte: dass Mayer ein sonst fest geschlossenes Tor zur Welt öffnete. Man wusste, dass er in den Hörsaal 40 neben den in der DDR lebenden Größen wie Bertolt Brecht, Anna Seghers und Johannes R. Becher Schriftsteller aus der Bundesrepublik einlud, die man sonst wahrscheinlich nie gesehen und gehört hätte. Dazu gehörten Ingeborg Bachmann, Hans Magnus Enzensberger, Walter Jens, Fritz Martini, Leonhard Frank, Wilhelm Emrich (er sprach über den in der DDR verfemten Franz Kafka) und Günter Grass. Mayers Zuhörer ließen sich gern durch dieses geöffnete Tor die Welt vor Augen führen. Sie wussten auch: Mayer zeigte Zusammenhänge zwischen Musik und Malerei, Literatur und Philosophie. Er vermittelte das, was ich in der Schule vermisst hatte, nämlich den

33 Stockinger (2019: 46–79).

Blick auf die großen Zusammenhänge. Die wollte ich unbedingt kennenlernen.[34] Ich betrat also im Oktober 1963 nach dem obligatorischen Ernteeinsatz (Kartoffellesen in der Uckermark) mit großen Erwartungen den Hörsaal 40, den einzigen noch erhaltenen großen Hörsaal im kriegsgeschädigten Universitätsgebäude. Das erste, was ich dort erfuhr, war, dass Hans Mayer in diesem Sommer in der Bundesrepublik geblieben war. Die Kampagnen und Konfrontationen der Dogmatiker, unter ihnen einige seiner Schüler, hatten die Oberhand gewonnen.[35] Die legendären Veranstaltungen im Hörsaal 40 fielen weg, das Tor zur Welt blieb, von Ausnahmen abgesehen, geschlossen.

Ich fand in den fünf Jahren, die ich studiert habe, vor allem in der Sprachwissenschaft sehr gute Lehrer, wofür ich dankbar bin. Dazu gehören vor allem Wolfgang Fleischer mit seinem bewundernswert weiten Forschungsfeld von Lexikologie, Wortbildung, Phraseologie, Onomastik, Sprachgeschichte, Dialektologie und Stilistik, Rudolf Große, verehrter Sprachhistoriker, Dialektologe, Soziolinguist, Lexikograph, der darüber hinaus auf allen Feldern Bescheid wusste und immer die richtigen herausfordernden Fragen stellte, und Gotthard Lerchner, Germanist und Niederlandist, Sprachhistoriker, zudem soziolinguistisch und textlinguistisch arbeitend und den Beziehungen zwischen Sprach- und Literaturwissenschaft stilistisch-semiotisch nachgehend, dies in Zusammenarbeit mit Vertretern der Literaturwissenschaft. Wichtig war für uns Studenten auch Gerhard Helbig, der die erste Professur für Deutsch als Fremdsprache im deutschsprachigen Raum innehatte, mit seiner beeindruckenden und gut zu handhabenden „Deutschen Grammatik. Ein Handbuch für den Ausländerunterricht" und mit seinem Überblick über die „Entwicklung der Sprachwissenschaft seit 1970", ein Buch, aus dem ich sehr viel gelernt habe.

34 Ein ehemaliger Schüler, der Rilke-Spezialist Horst Nalewski, berichtet aus seiner Studienzeit: Nalewski (o. J.).

35 Klein (1997).

Wolfgang Heinemann hielt die ersten Vorlesungen zur Textlinguistik. Seine Verdienste um die Begründung und Etablierung dieses Faches sind weithin anerkannt. Walter Flämig habe ich bewundert für seine Vorlesungen zur Syntax, die aktuell und von einzigartiger Klarheit waren. Es war mir damals schon bewusst, dass er uns Studenten eine fachlich und didaktisch exzellente Leistung geboten hat. Bis heute stelle ich immer wieder fest, wie nützlich, ja unentbehrlich Erhard Agricolas neuartiges Konzept in „Wörter und Wendungen“[36] ist. Es bietet eine Zusammenstellung des Gebrauchs von Wörtern des Allgemeinwortschatzes nach ihren – auch stilistisch gekennzeichneten – Kollokationen. Äußerst vielversprechend erschien mir Agricolas Konzept vom ‚semantischen Feld‘. Das Gedächtnis speichere, so Agricola, begriffliches Wissen nicht in isolierten Einheiten, sondern in ‚Kernkonzepten‘, dessen Einheiten ‚semantische Felder‘, also eine Menge bedeutungsnaher Lexeme sind. Solche Kernkonzepte sollten in einer Sammlung erfasst werden. Ein Beispiel: Dem Oberbegriff ‚Liebe‘ wird alles zugeordnet, was es an Substantiven, Verben und Adjektiven in engerer oder weiterer Beziehung zu diesem Oberbegriff gibt. Assoziationen und Vernetzungen werden so möglich. Leider ist das Projekt nicht ausgeführt, sondern nur in seinen Anfängen vorgestellt worden.[37]

Agricola habe ich – ganz im Ernst – auch bewundert für seinen historisch und utopisch angelegten Kriminalroman „Tagungsbericht oder Kommissar Dabberkows beschwerliche Ermittlungen im Fall Dr. Heinrich Oldenbeck“[38]. Hier schildert er einen Kriminalfall aus der Zeit um 1930, in dem es um eine von Oldenbeck entwickelte Droge geht, die das mühelose Erlernen fremder Sprachen ermöglicht, aber den Tod Oldenbecks zur Fol-

36 Agricola/Görner/Küfner (1962).

37 Deshalb habe ich ihm hier vergleichsweise viel Platz eingeräumt. Agricola/Braußе/Karl/Ludwig (1987).

38 Greifenverlag zu Rudolstadt 1976.

ge hat. Besonders lesenswert fand ich den Teil des Romans, in dem eine Tagung des fiktiven Neuphilologenverbandes in Leipzig und ein Ausflug der Philologen in die Dübener Heide dargestellt werden. Assoziationen an Eduard Sievers stellen sich ein – den Autor der „Rhythmisch-melodische[n] Studien" (1912), der die Auffassung vertrat, dass die Autoren literarischer Texte an einer von ihnen unterlegten Melodie des jeweiligen Textes bestimmt werden können. Neben anderen Anspielungen glaubte ich, in der Person des Oberassistenten Käseberg mit seiner umfassenden ‚Referential-Zeichen-Theorie' einen ironischen Bezug auf die Strukturalisten der 1960/1970er Jahre zu erkennen.

Bemerkenswert war das jeweils nach dem sechsten Semester stattfindende „Interdisziplinäre Praktikum", das der Sprachanalyse und Interpretation literarischer Texte gewidmet war und auf vorangegangenen Seminaren und Vorlesungen zum Stil aufbaute. Die Seminare im Praktikum wurden von Literaturwissenschaftlern und Linguisten gemeinsam geführt mit dem Ziel, die Studenten auf die Schulpraxis vorzubereiten, in der der Deutschlehrer ja beides – Analyse und Interpretation – in einer Person zu leisten hat. Es war für mich erstaunlich, dass sich Vertreter der beiden Teildisziplinen Literatur- und Sprachwissenschaft, die ja erfahrungsgemäß oft wenig voneinander wissen wollen, gemeinsam dem Anspruch der Zusammenarbeit gestellt haben. Sie taten das, soweit ich es – damals schon Lehrkraft – selbst miterlebt habe, mit einer gewissen Spannung, mit viel Einsatz und mit großer Resonanz.

Soviel zur Sprachwissenschaft in Leipzig. Mit der weltoffenen Sicht in der Literaturwissenschaft war es allerdings vorbei.

Wie damals üblich, habe ich an einem einzigen Studienort und in einem festen Studiengruppenverband studiert. Man wurde in eine Gruppe eingeordnet und blieb in dieser Gruppe bis zum Ende des Studiums. Das hatte Vor- und Nachteile. Man kannte sich sehr gut, wusste also auch, wem man vertrauen und mit wem man Freundschaften schließen konnte, was bei der ständigen Überwachung, mit der man rechnen musste, von besonderer Bedeutung war. Einige Studenten meiner Seminargruppe, zu denen auch ich gehörte, hatten in leichter Selbstironie, mit Beziehung auf unsere Herkunft aus Thüringen und Sachsen und auf die Lesegesellschaften des 18. und frühen 19. Jahrhunderts die „Thüringisch-Sächsische Kaffee- und Kuchen-Lesegesellschaft" gegründet. Ihr Ziel war, gemeinsam Texte zu lesen, die nicht auf der Leseliste standen (ich glaube, mich an Beckett, „Warten auf Godot" zu erinnern), und Themen zu besprechen, die offiziell vermieden wurden (etwa die Frage, warum wir Studenten in der sich für ihre Friedensliebe preisenden DDR keine Ostermärsche, die damals gerade aktuell waren, organisieren durften).

Ein Lehramtsstudium habe ich aufgenommen, weil dies damals die einzige Möglichkeit war, die Fächer Deutsch und Englisch zu studieren. Tatsächlich einmal als Lehrerin zu arbeiten, konnte ich mir aus politischen Gründen aber eigentlich nicht vorstellen. Ich war mir auch nicht sicher, ob ich für den Lehrerberuf geeignet sein würde. Letzteres klärte sich rasch. Dass mir die Arbeit als Lehrerin keine grundsätzlichen Probleme bereiten, sondern Freude machen würde, hatte ich in der didaktisch-methodischen Ausbildung, vor allem aber in einem halbjährigen Praktikum an der Erweiterten Oberschule in Annaberg-Buchholz mit Erleichterung festgestellt. Ich hoffte trotzdem darauf, dass sich eine andere berufliche Lösung finden würde. Gegen Ende des Studiums ergab sich dann für einige Studenten der Gruppe die Möglichkeit, als besondere Förderung ein weiteres Jahr zu studieren und ein Diplom zu erwerben, was in etwa dem heutigen Magisterabschluss entspricht. Diese Möglichkeit habe ich genutzt. Gleichzeitig habe ich aber auch den Lehramtsabschluss gemacht, weil ich die vier Jahre Mühe, die schon in spezifisch didaktische Lehrveranstaltungen und Unterrichtspraktika investiert waren, nicht aufgeben wollte, sodass ich beide Abschlüsse, Lehramt und Diplom, vorweisen kann, was sich im Nachhinein als sehr gut und wichtig erwiesen hat. Es hat mir auch für den Hochschulunterricht und für meine Arbeit als Lektorin in Bagdad und Helsinki viel geholfen.

Etwa um die Zeit meines Studienbeginns wurde das gesamte Fach Germanistische Sprachwissenschaft von der reinen Sprachgeschichte auf die vorrangige Betrachtung von Gegenwartssprache umgestellt, ohne dass dabei die Sprachgeschichte, die in Leipzig eine große Tradition hatte, vernachlässigt worden wäre. Den Hochschullehrern, die das Studium damals ziemlich rigoros umstellen mussten, wird das nicht leicht gefallen sein. Im Nachhinein finde ich, dass ihnen die Umstellung sehr gut gelungen ist. Alles relevante Neue wurde aufgenommen, ohne dass die Sprachgeschichte an Bedeutung verloren hätte. Betrachtet man die damaligen Lehrprogramme und vergleicht sie mit den heutigen, so wird deutlich, dass es im Unterschied zu heute eine umfassende Ausbildung in der germanistischen wie anglistischen Sprachwissenschaft gegeben hat, die den Studierenden das nötige Instrumentarium vermittelte, um sich mit allen sprachlichen Problemen, seien es grammatische, semantische, lexikalische, textliche oder pragmatische, fundiert auseinanderzusetzen. Zum obligatorischen Programm gehörten in der Germanistik: Morphologie, Syntax, Lexikologie, Wortbildung, Phraseologie, funktionale, das heißt textbezogene Stilistik, Althochdeutsch, Mittelhochdeutsch, Frühneuhochdeutsch, Dialektologie. Fakultative Angebote waren Gotisch und Namenskunde.

Der interessanteste Abschnitt meines Studiums war die Zeit, als Kybernetik und Strukturalismus zum bestimmenden Prinzip und Gegenstand wissenschaftlichen Arbeitens wurden – sowohl in der Literatur- als auch in der Sprachwissenschaft. Das wirkte sich auf die Lehre und auch auf die Forschung aus. So haben wir uns die englische Grammatik (die wir in ihrer traditionellen Form ja schon aus der Schule kannten) bei dem Anglisten Gottfried Graustein als Transformationsgrammatik angeeignet, wir haben bei dem Anglisten Albrecht Neubert wie bei dem Germanisten Wolfgang Fleischer Vorlesungen zur generativen

Semantik gehört. Gerhard Helbig las eine Vorlesung zum Strukturalismus und zur Geschichte der neueren Sprachwissenschaft. Die ersten Bände der Schriftenreihe der *Arbeitsstelle Strukturelle Grammatik* „Studia Grammatica" lagen vor. Bierwisch und Motsch, Bar-Hillel, Chomsky, Halle, Harris, Hjelmslev, Hockett und Katz/Fodor waren mir zum Begriff geworden. Das Denken in Strukturen gefiel mir sehr. In der Strenge des Vorgehens, in seiner Mathematisierung stellte diese Art von wissenschaftlicher Arbeit eine völlig neue Anforderung dar. Für mich kam hinzu, dass ich mich in dieser Zeit, angeregt durch die Lektüre des „Doktor Faustus" von Thomas Mann, mit den Prinzipien der Zwölftonmusik Schönbergs befasst hatte. Die Verbindungen von Mathematik und Musik und Mathematik und Sprache passten für mich gut zusammen. Anfang der 1970er Jahre fand jedoch die sogenannte Strukturalismusdebatte statt. Der Strukturalismus wurde nun als Produkt westlicher Ideologie und westlicher Methode in einer scharfen Auseinandersetzung von den „führenden Vertretern" der SED abgelehnt. (Die russischen und tschechischen Vertreter des Strukturalismus spielten keine Rolle mehr. Sie wurden nicht mehr genannt.) Alle diesbezüglichen Forschungsvorhaben wurden abgebrochen. Weshalb man diese Richtung zuvor aber vehement gefördert hatte, blieb ungesagt.

Der sich anschließend vollziehende Übergang zur Pragmalinguistik als Prinzip und als Lehrgegenstand, in der DDR „Sprachliche Kommunikation" genannt, entsprach den Anforderungen an eine moderne Sprachwissenschaft vollkommen, war also durchaus eine Bereicherung, wenn man auch von der Sache her beide Richtungen – das strukturalistische wie das pragmalinguistische Vorgehen – mit je verschiedenen Forschungsinteressen und Methoden nebeneinander hätte bestehen lassen können. In die Pragmalinguistik wurden die Bemühungen um eine moderne Stilistik einbezogen. Der Übergang von der eher systembezogenen zur gebrauchsbezogenen Herangehensweise verlief unproblematisch. Das Handwerkszeug für die Betrachtung des Sprachgebrauchs stand dank der systematischen Vermittlung des Grundwissens auf allen linguistischen Gebieten zur Verfügung und das Denken in Textzusammenhängen war durch die in der Lehre stets vertretenen Seminare in pragmatisch-funktionaler Stilistik geübt. Durch Rudolf Große und den Anglisten Albrecht Neubert waren bereits die Grundlagen einer Soziolinguistik gelegt.

Das Germanistikstudium bestand zu gleichen Teilen aus Sprach- und Literaturwissenschaft. Ohne genauer darauf eingehen zu können, sei festgestellt, dass alle Studenten auch in der Literaturwissenschaft ein umfassendes Programm zu absolvieren hatten, das z. B. Wissen über alle Literaturepochen umfasste. In der letzten Phase des Studiums setzte dann eine Spezialisierung für das eine oder andere Teilfach ein. Meine Interessen waren relativ gleichmäßig auf beide Teildisziplinen verteilt. Es ist mir immer darum gegangen zu zeigen, welche Verbindungen und Möglichkeiten der Zusammenarbeit es zwischen den beiden Teildisziplinen gibt. Dass ich meinen Schwerpunkt in der letzten Studienphase auf die Sprachwissenschaft gelegt habe, lag daran, dass ich damals noch meinte, es sei der Teil des Germanistikstudiums, in dem es unpolitischer zuginge. Ich hatte mich getäuscht, wie sich im Zusammenhang mit meiner Dissertation, zu der ich später kommen werde, zeigen sollte.

Im Studium war mir Thomas Manns Roman „Doktor Faustus. Das Leben des deutschen Tonsetzers Adrian Leverkühn, erzählt von einem Freunde" besonders wichtig. Nicht nur, dass mir über die Lektüre und eine musikwissenschaftlich gebildete Freundin die Zwölftonmusik klar wurde, die ich wiederum in der Nähe zum Strukturalismus sah, nicht nur, dass ich Thomas Manns Art zu schreiben zu verstehen begann und mir sein Lebensthema des Menschen als Außenseiter bzw. als Erwählter verständlich wurde – mir begegneten auch wieder die Puppen. Thomas Mann lässt im Roman seinen Helden Adrian Leverkühn nach dem Stoff des Gregorius von Hartmann von Aue eine Puppenoper komponieren und sagt dazu in dem Essay „Die Entstehung des Dr. Faustus", dass er seinem Protagonisten den Stoff am liebsten weggenommen und selbst etwas daraus gemacht hätte. Das tat er dann auch, indem er aus der Gregoriusgeschichte des Hartmann von Aue ein „Legendenrománchen" machte – „Der Erwählte", in dem es teils so holzschnittartig zugeht wie im Kaspertheater. Für die Thomas-Mann-Ausgabe des Aufbau-Verlags habe ich zwischen 1972 und 1973 einen ausführlichen Kommentar zum „Erwählten" geschrieben, in dem ich mich auch mit den Sprachbesonderheiten des Buches befasste. Thomas Mann entwickelt dort eine eigene Sprache aus Hochdeutsch, Mittelhochdeutsch, Mittellateinisch, Altfranzösisch und einem erfundenen englischen Platt und entwirft eine – leider kaum beachtete, aber bemerkenswerte – aus den Erfahrungen des Exils gespeiste Sprachutopie. Der Kommentar zum Erwählten stand am Anfang meiner Beschäftigung mit literarischen Texten, die eine Brücke zwischen Literatur- und Sprachwissenschaft schlagen sollte.[39] Den Abschluss meines Studiums bildete in der Literaturwissenschaft folgerichtig die mündliche Prüfung zum selbstgewählten Thema „Das Marionettenmotiv in der Literatur".

39 In dem Band „Sprache in der Literatur und im Alltag" finden sich die meisten meiner Aufsätze, die diese Brücke schlagen: Fix (2013a).

Dritter Exkurs: Mitteldeutsche Kultur- und „Unkultur"landschaft. Eine Bahnfahrt von Arnstadt über Erfurt, Weimar, Apolda, Bad Kösen, Schulpforta, Weißenfels nach Leipzig

Im Laufe der Jahre, die ich in Leipzig an der Buchhändler-Lehranstalt gelernt und an der Universität studiert und gearbeitet habe, bin ich diese Bahnstrecke sehr oft gefahren. Ich habe immer voller Freude die Schönheit und kulturelle Bedeutung dieser mitteldeutschen Landschaft erlebt. Je mehr ich literaturhistorisches, kultur- und sozialgeschichtliches Wissen erworben hatte, desto interessanter wurde die Strecke für mich; denn jeder der genannten Orte weckt Assoziationen, ruft Zusammenhänge auf und führt zum Nachdenken. Mit den Jahren wurde mir klar, dass man auch hier die politischen Hintergründe kennen muss, um alles verstehen und einzuordnen zu können.

Von Arnstadt, als Tor zum Thüringer Wald bezeichnet, kommt man in eine flache Landschaft, in der sich drei Burgen vom Horizont abheben: die zwischen dem achten und elften Jahrhundert erbauten „drei Gleichen", um die sich viele Sagen ranken. Zu Erfurt – erster Halt auf meiner Fahrt – habe ich schon wichtige Personen genannt. Hinzufügen will ich das herrliche, sich über den Domplatz erhebende gotische Ensemble von Dom und Severikirche, das Augustinerkloster und die vom Zug aus zu sehenden Villen am Steigerwald. Aus dem Zug heraus konnte ich aber auch das ehemalige Verwaltungsgebäude der Firma J. A. Topf & Söhne sehen. Ingenieure dieser Firma stellten für die Krematorien der

Konzentrationslager Verbrennungsöfen und Lüftungstechnik her. 2011 wurde das Verwaltungsgebäude zum „Erinnerungsort Topf & Söhne – Die Ofenbauer von Auschwitz“ umgestaltet. Es trägt nun an der Außenwand in großen Lettern die Grußformel aus der Firmenkorrespondenz „Stets gern für Sie beschäftigt …“ und ist nicht mehr zu übersehen.

Die Weimarer Klassik – anschaulich für mich durch die Stadt, die Parks, die Schlösser, Goethes Wohnhaus und sein Gartenhaus, das Schillerhaus, die Herderkirche, die Friedhöfe, die Herzogliche Bibliothek (in der DDR Zentralbibliothek der deutschen Klassik, heute Herzogin-Anna-Amalia-Bibliothek) – bestimmte meine Vorstellung von einer Zeit, in der Kultur das Leben prägte und ein harmonisches Dasein ermöglichte. In dieser Zeit hätte ich in meiner Vorstellung als Kind gern gelebt. Später habe ich das ein wenig belächelt. Erst jüngst bin ich an meine Affinität zum klassischen Weimar erinnert worden, als eine befreundete Literaturwissenschaftlerin auf meine Frage danach, ob es überhaupt einmal eine Zeit gegeben habe, in der die Dinge in einem Staatswesen „gut liefen“, die Regierungszeit Anna Amalias in Weimar nannte. Anna Amalia habe das Staatswesen des kleinen Staates Sachsen-Weimar und Eisenach klug, gebildet, mit besten Absichten geleitet, was unter anderem zu Reformbestrebungen in Justiz, Polizei und Bildung führte, und sie habe die Kultur für Adel wie für Bürgertum gefördert. Später, als ich im Studium den Roman „The Time Machine“ von H.G. Wells gelesen habe, stellte ich mir vor, wie es wäre, nicht in die Zukunft, sondern in die Vergangenheit gehen zu können. Die Frage, wohin ich denn gern und ohne Furcht gehen würde, beantwortete ich mir selbst mit Weimar in der Zeit der deutschen Klassik. Die Vorstellung von Weimar als Ort der klassischen Utopie, als Ort von Harmonie und Humanität muss in mir gewirkt haben.

An das nationalsozialistisch geprägte Weimar konnte ich bei diesem Wunsch nicht gedacht haben. Zu den Zielen der Klassenfahrten, die die Schule veranstaltete, gehörte ganz selbstverständlich ein Besuch im Konzentrationslager Buchenwald. Die heute diskutierte Frage, ob man Schüler verpflichten dürfe, sich ein solches Lager anzusehen, beantworte ich trotz aller denkbaren Gegenargumente mit einem eindeutigen Ja. Man muss sich dieser Wahrheit, auch wenn oder gerade weil sie erschütternd ist, aussetzen, um das Geschehene zu verstehen, und zu begreifen, dass sich dies niemals wiederholen darf. Nur so gewinnt man die Kraft, dem Drohenden etwas entgegenzusetzen. Weimar bot für die Auseinandersetzung mit der jüngsten Vergangenheit eindrückliche und vielfältige Anschauung. Das etwa zehn Kilometer entfernte Konzentrationslager Buchenwald war die eindrücklichste. Den Turm des Mahnmals konnte ich auf meinen Fahrten vom Zug aus sehen. Aber auch schon, wenn man zu Fuß vom Weimarer Bahnhof in die Innenstadt und damit zum Zentrum des klassischen Weimar ging, begegnete man der nationalsozialistischen Vergangenheit. Man kam (und kommt) an einem in seiner Größe und Kompaktheit einschüchternden Gebäudekomplex, einem architektonischen Monument des Nationalsozialismus, vorbei – am Gauforum in der Innenstadt Weimars. Es ist das einzige von mehreren in der NS-Zeit für Deutschland geplanten Gauforen und im Wesentlichen unzerstört geblieben. In der Zeit meiner Weimar-Aufenthalte als Schülerin und Studentin wurden die drei vorhandenen Flügel als Ort zweier Fachschulen und zweier Internate genutzt. Selbst als ich als Studentin während einer Konferenz in einem der Internate übernachtete, gab es keinen mündlichen oder schriftlichen Hinweis auf die frühere Geschichte des Gebäudekomplexes. Man erfuhr es aber natürlich von den Weimarer Bürgern, die sich nicht im Verdrängen übten. Heute ist die Anlage immer noch zu sehen, etwas „aufgelockert" dadurch, dass die ehemalige „Halle der Volksgemeinschaft" ein Einkaufszentrum aufgenommen hat, und etwas aus dem Fokus gerückt, weil das gegenüber liegende neue Bauhausmuseum den Blick auf sich zieht. Der Platz vor den Gauforumsanlagen wechselte in bemerkenswerter Konsequenz seinen Namen von „Platz Adolf Hitlers" zu „Karl-Marx-Platz“ bis zum heutigen „Jorge-Semprún-Platz“. Jorge Semprúns Buch „Die große Reise“ beschreibt die fünftägige Zugfahrt des Autors aus einem französischen Internierungslager in das Konzentrationslager Buchenwald. Dieser Roman war eines der ersten Bücher zu den Schicksalen von Menschen auf dem Weg in die Lager und zu ihrem Leiden in den Lagern, die ich gelesen habe. Es hat mich tief beeindruckt. Ich empfinde es als Genugtuung, dass der Platz heute diesen Namen trägt.

Dass Weimar auch die Stadt Nietzsches und die Bauhaus-Stadt ist, wurde mir erst viel später bewusst. In der DDR war Nietzsche als „Wegbereiter des Faschismus“ verfemt. Man sollte ihn möglichst gar nicht kennen. Es gab keinen musealen Erinnerungsort (wenn man vom Grabstein auf dem Friedhof in seinem Geburtsort Röcken absieht). Das Nietzsche-Archiv[40] wurde 1956 aufgelöst. Fast sensationell war es, dass der Verlag Edition Leipzig 1985 „Ecce homo“ als Faksimile-Ausgabe des Druckmanuskripts verlegen konnte. Das ist neben der Veröffentlichung des Gedichtes „An den Mistral“ in dem von Stephan Hermlin herausgegebenen Sammelband „Deutsches Lesebuch – Von Luther bis Liebknecht“ im Verlag Philipp Reclam, Leipzig 1978 die einzige Nietzsche-Publikation in der DDR.[41] Die erste Ausstellung zum Bauhaus haben wir in den 70er Jahren im Weimarer Schloss gesehen. Ich erinnere mich, dass wir es als mutig empfanden, Stücke aus dem Archiv öffentlich zu zeigen. Es schien jedenfalls uns – den Laien –, als sollte die Bauhaus-Idee, grundsätzlich als „modernistisch“ und „formalistisch“ betrachtet, klein gehalten werden. Soviel zu Weimar.

Bei der Fahrt durch Apolda, die nächste Stadt auf der Strecke, fiel mir ein, was in Schule und Studium im Zusammenhang mit Goethes Arbeit an der Iphigenie immer zitiert wurde. Goethe hatte an Frau von Stein geschrieben, es falle ihm schwer, an der

---

40 *https://de.wikipedia.org/wiki/Nietzsche-Archiv*. Letzter Zugriff am 14.01.2021.

41 *https//:www.dgfe.de.Band_19_1998_195_209A*. Letzter Zugriff am 14.01.2021.

Iphigenie zu arbeiten und den König von Tauris reden zu lassen, als ob kein Strumpfwirker in Apolda hungere. Aber auch an die berühmten, von 1722 bis 1988 betriebenen Glockengießereien, für die Apolda bekannt war, dachte ich. Glocken aus Apolda hängen in Kirchen auf fünf Kontinenten. Viele Jahre später bei einer Sprachanalyse der ersten Sätze des „Erwählten" von Thomas Mann[42] war es eine aus Apolda stammende Studentin, die den anderen Seminarteilnehmern den inhaltlich bedeutsamen Unterschied zwischen Glocken am Balken und Glocken im Stuhl erklären konnte. Kleine Glocken hängen an einem Balken. Sie tönen hell. Größere Glocken benötigen ein aus mehreren Balken gefertigtes Tragwerk, den Glockenstuhl. Sie klingen dunkel. Bemerkenswert an Manns Text ist, dass die Bewegungen der kleinen Glocken mit dunklen Vokalen und die der großen mit hellen Vokalen dargestellt werden, dass also eine Verkehrung der Verhältnisse stattfindet.

Glockenschall
Glockenschwall
supra urbem
über der ganzen Stadt
in ihren von Klang überfüllten Lüften

Glocken, Glocken
sie schwingen und schaukeln
wogen und wiegen
ausholend an ihren Balken, in ihren Stühlen,
hundertstimmig, in babylonischem Durcheinander.[43]

---

42 Diesen Text hat Vera Hauschild am Anfang unserer Tätigkeit als Assistentinnen in der Germanistik für eine gemeinsame Stilanalyse vorgeschlagen. Er hat mich seither begleitet.

43 „Glockenschall, Glockenschwall supra urbem, über der ganzen Stadt, in ihren von Klang überfüllten Lüften! Glocken, Glocken, sie schwingen und schaukeln, wogen und wiegen ausholend an ihren Balken, in ihren Stühlen,

Auf Apolda folgt als nächste mir wichtige Bahnhaltestelle Bad Kösen, inmitten des Weinbaugebietes Saale-Unstrut gelegen, bekannt als Kurort und für die wegen ihrer Natürlichkeit berühmten Puppen, die dort von Käthe Kruse entworfen, hergestellt und in viele Länder verkauft wurden. Die vielfach preisgekrönte Käthe Kruse hatte keine Bedenken, sowohl im ersten als auch im zweiten Weltkrieg Soldatenpuppen in ihr Programm aufzunehmen.

Bei der Weiterfahrt hat man einen wunderbaren Blick auf die Saale und auf eine hoch über der Saale auf einem Felsen ruhende weiße Villa. Immer habe ich mich gefragt, wer dieses schöne Gebäude gebaut und in ihm gelebt hat und wie das Leben dort über der Saale mit einem freien Blick in alle Himmelsrichtungen gewesen sein mag. Sehr spät erst erzählte mir ein Freund, Kenner der thüringischen Kulturlandschaft, auf meine Frage nach diesem Haus, dass es von Paul Schultze-Naumburg gebaut worden sei, dem in ganz Deutschland erfolgreichen Lebensreformer und Gründer der Saalecker Werkstätten. Schultze-Naumburg, der auch Maler, Publizist und gefragter Architekt war, ging es mit seinen architektonischen Entwürfen um die Wiederbelebung von Klassizismus und Heimatstil. Er hat für den sich dem Nationalsozialismus anbiedernden Sohn des letzten deutschen Kaisers Kronprinz Wilhelm von Hohenzollern und dessen Frau Cecilie Schloss Cecilienhof in Potsdam entworfen. Ironie der Geschichte: Cecilienhof war vom 17. Juli bis 2. August 1945 Ort der Potsda-

hundertstimmig, in babylonischem Durcheinander. Schwer und geschwind, brummend und bimmelnd – da ist nicht Zeitmaß noch Einklang, sie reden auf einmal und alle einander ins Wort, ins Wort auch sich selber: an dröhnen die Klöppel und lassen nicht Zeit dem erregten Metall, daß es ausdröhne, da dröhnen sie pendelnd an am anderen Rande, ins eigene Gedröhn, also daß, wenn's noch hallt ‚In te Domine speravi', so hallt es auch schon ‚Beati, quorum tecta sunt peccata', hinein aber klingelt es hell von kleineren Stätten, als rühre der Meßbub das Wandlungsglöcklein." Quelle: Thomas Mann: *Der Erwählte*. Gesammelte Werke in zwölf Bänden. Aufbau-Verlag Berlin und Weimar. 1965; Fix (1976a: 361).

mer Konferenz. Auf der Rasenfläche im Ehrenhof befindet sich seither ein fünfzackiger Sowjetstern aus roten Blumen.

Das Haus über der Saale wurde zu einem kulturellen Zentrum, das sich immer mehr in Richtung nationalsozialistischen Denkens entwickelte. Es diente als Versammlungsort der völkischen Bewegung „Saalecker Kreis". Gäste waren neben vielen anderen Hitler, Himmler, Göring, Goebbels und Rosenberg. Schultze-Naumburg hatte 1928 die Programmschrift „Kunst und Rasse" geschrieben, die die Auffassung von einer „entarteten Kunst" vorbereitete. Nach der Entlassung der Bauhauslehrer 1930 wurde er zum Direktor der nun „Weimarer Kunsthochschule" genannten ehemaligen Bauhausschule berufen und ließ als eine seiner ersten Handlungen die Wandmalereien und Reliefs von Oskar Schlemmer entfernen. Soviel zu diesem traumhaften Haus in einer traumhaften Lage. Auch die beiden romantisch aussehenden Burgen, die sich dahinter erheben, Rudelsburg und Saaleck, sind nicht frei von bedrückenden Assoziationen. Die Rudelsburg war seit der 1848 hier erfolgten Gründung des Dachverbandes der deutschen Corpsstudenten einer ihrer Treffpunkte und ist bis heute fester Veranstaltungsort deutscher Burschenschaften. Auf Burg Saaleck hielten sich die Rathenau-Attentäter Hermann Fischer und Erwin Kern versteckt. 1922 wurden sie von der Polizei entdeckt, Kern wurde erschossen, Fischer beging Selbstmord. Hitler stiftete 1933 einen Grabstein.

Wenig später fährt der Zug in nicht allzu großer Entfernung an dem beeindruckenden teils gotischen (Zisterzienserkloster), teils neugotischen (Schulgebäude) Gebäudeensemble von Schulpforta vorbei. Es beherbergt ein Internatsgymnasium zur Förderung Begabter und befindet sich in den Gebäuden der einstigen Zisterzienserabtei Pforta in Schulpforte, einem Ortsteil von Naumburg. Schulpforta ist eine der drei Fürstenschulen, die von Herzog Moritz von Sachsen nach der Auflösung von Klöstern gegründet wurden. Diese Schulen gehören zu den ältesten staatlichen Schulen in Deutschland. Der Zufall will es, dass ich nun in einem Ort lebe, zu dem die zweite der drei Fürstenschulen gehört: das Gymnasium St. Augustin zu Grimma. Die dritte findet sich in Meißen: Das Sächsische Landesgymnasium Sankt Afra zu Meißen. Berühmte Schüler in Schulpforta waren unter anderem Johann Hermann Schein, Johann Elias Schlegel, Friedrich Gottlieb Klopstock, Johann Gottlieb Fichte, Leopold von Ranke, Friedrich Wilhelm Nietzsche.

Während der Zug sich Naumburg nähert, suche ich die Landschaft ab nach dem Ort, der der Leverkühnsche Hof Buchel beim Dorf Oberweiler nahe Weißenfels sein könnte. Ich finde ihn natürlich nicht, wohl aber die Stimmung, die sich beim Lesen von Thomas Manns „Dr. Faustus" bei mir einstellt. Genauso geht es mir mit Naumburg: obwohl ich weiß, dass die Stadt nicht das Vorbild für Kaisersaschern gewesen ist, sehe ich sie doch so. Von der Atmosphäre her ist sie es.

Die Türme des Doms sieht man von weitem. Ich versäume auf keiner Fahrt, das Stadtbild von Naumburg zu bewundern, und weiß, dass ich mit dem Dom eines der bedeutendsten Kulturdenkmäler des Hochmittelalters vor mir habe. An das ironische Nietzsche-Denkmal, das seit 2013 auf dem Naumburger Holmarkt steht, an das seit 1994 als Museum zugängliche Nietzsche-Haus und das seit 2010 nutzbare Nietzsche-Dokumentationszentrum war während meiner Studentenfahrten noch nicht zu denken. Röcken freilich war schon zugänglich. Man konnte den Friedhof, das Geburtshaus (von außen) und die Kirche besichtigen. Heute gibt es in Röcken eine Friedrich-Nietzsche-Gedenkstätte mit einem kleinen Museum und einem beeindruckenden Programm. Damals hätte ich mir nicht träumen lassen, dass wir als Großeltern mit unserer Enkeltochter Matilda, die Jura und Philosophie studierte und eine Hausarbeit über Nietzsche schreiben musste, alle die genannten nun zugänglichen Nietzschestätten besuchen würden und dass die Röckener Gedenkstätte von der Enkelin alter Freunde geleitet werden würde. Auch dass ich zu einem Seminar von Stipendiaten der Studienstiftung des deutschen Volkes zum

Thema Interdisziplinarität als Konsultantin nach Schulpforta eingeladen werden würde, lag damals außerhalb jeder Vorstellung.

Links der Schienen erblickt man, wenn man den Weißenfelser Bahnhof verlässt, Weinberge – Ausläufer des Saale-Unstrut-Weinbaugebiets – und inmitten der Weinstöcke anmutige Weinberghäuschen. Im Weißenfelser Schloss, das weithin zu sehen ist, hatte Johann Sebastian Bach das Amt des Hofkapellmeisters inne und im Komödiensaal des Schlosses fanden Aufführungen mit Caroline Neuberin, der Vorbereiterin eines bürgerlichen deutschen Nationaltheaters, statt. Und schließlich beherbergt Weißenfels das Geburtshaus von Novalis. Er lebte dort mit seiner Familie, von Studienaufenthalten und Reisen abgesehen, ab seinem 13. Lebensjahr bis zu seinem Tod im Alter von 28 Jahren. Das Haus war in der Zeit der DDR dem Verfall preisgegeben. Man konnte nur mit Trauer daran denken. Nun aber ist es ein sorgfältig restauriertes Gebäude, das eine Novalis-Gedenkstätte beherbergt. Weißenfels ist die letzte Bahnstation des D-Zugs vor Leipzig. Wenn ich in Leipzig aussteige, befinde ich mich in einer Buch-, Musik-, Messe- und Universitätsstadt.

Ende des Studiums – Prüfungen, Sprengung der Universitätskirche, Prager Frühling, Assistentenjahre, Dissertation

Mein Studium begann 1963, also mit dem Weggang Mayers, und endete 1968 mit der Sprengung der Universitätskirche (30.05.1968) und mit der Niederschlagung des Prager Frühlings (August 1968). 1968 war für meinen Mann und mich ein einschneidendes Jahr, das die prekäre Situation der DDR und des Ostblocks sehr deutlich gemacht hat. Die beiden Ereignisse haben wir als Symbol gesehen für zunehmende Ideologisierung und Indoktrinierung. Die Sprengung der Kirche war ein ungeheuerliches Geschehen, das wir damals nicht fassen konnten und das für mich bis heute nicht aufgearbeitet ist. Es gab keine bautechnische Notwendigkeit, die historisch wertvolle Kirche, die den Krieg fast unbeschadet überstanden hatte, die von Luther als Universitätskirche geweiht worden war und in der Bach Orgel gespielt hatte, zu sprengen. Es sollte das Symbol einer anderen Geisteshaltung in Schutt und Asche gelegt werden, zusammen mit der alten, gegen Ende des zweiten Weltkrieges durch Luftangriffe stark beschädigten Universität, in der ich noch studiert habe und die durchaus hätte wiederhergestellt werden können. Aber auch sie repräsentierte eine andere, unliebsame Zeit und Geisteshaltung.[44] Wir haben an den Abenden vor der Sprengung mit vielen anderen in schweigendem Protest auf dem Platz vor der Kirche, dem Karl-Marx-Platz, gestanden. Nach 1989 haben wir auf einem Veranstaltungsflyer der Stasi-Unterlagenbehörde in Leipzig ein Foto meines Mannes auf dem Karl-Marx-Platz entdeckt. Er

44 Fix (2003b).

war damals als stummer Protestierender von Stasi-Mitarbeitern fotografiert worden.

Den Prager Frühling haben wir mit großem Interesse und hohen Erwartungen verfolgt. Wir waren in Prag, haben alles uns Zugängliche gelesen und Radio Prag gehört. Wie viele andere haben wir uns von dort Veränderungen auch bei uns erhofft. Als das nicht eintraf, sondern der Prager Frühling als „konterrevolutionäre Verschwörung" unterdrückt wurde, glaubten wir, dass diejenigen, die bis jetzt nichts begriffen hatten, nun wirklich einsehen müssten, dass das DDR-System keine Perspektive hat. Natürlich war das Wunschdenken.[45]

1968 begannen für meinen Mann und mich die Werbungen für den Eintritt in die SED. Mir war klar, dass ich einer solchen Werbung nicht nachgeben würde. Ich habe, genauso wie mein Mann, erlebt, dass wir in unseren Abschlussprüfungen von unseren jeweiligen Prüfern mit Karriereversprechungen für die Partei geworben werden sollten. Dass man unter solchen Umständen, wenn man sich selbst treu bleiben will, nicht in die SED eintreten konnte, ist klar.

Nach dem Studium wurde mir zunächst eine Stelle in der Anglistik angeboten mit dem Hinweis, dafür in „die Partei" eintreten zu müssen. Das hatte ich abgelehnt und mich schon darauf eingestellt, eine andere berufliche Lösung zu suchen, als ich schließlich doch eine befristete Stelle in der Germanistik bekam. Meine Lehrtätigkeit begann im Herbst 1968 in der sogenannten „Roten Woche", einer ideologischen Vorbereitungswoche für alle Studenten. Ich als Anfängerin in der Sprachwissenschaft sollte in dieser Woche in meiner allerersten Lehrveranstaltung ein politisches Seminar halten zum Thema „Prager Konterrevolution und Konvergenztheorie". Der Prager Frühling war ja verbunden mit der Vorstellung, dass die Systeme in bestimmten Bereichen konvergieren könnten, dass man andere Formen für das sozialistische

45 Fix (2012).

System finden könnte. Es war nun gewünscht, dass ich in diesem Seminar die Verurteilung dieser Idee des Prager Frühlings zum Thema mache. Ich wusste, dass mein Doktorvater und zwei Vertreter der Sektion für Marxismus-Leninismus anwesend sein und mich kontrollieren würden. Meine Lösung war, ein theoretisches Seminar zur Konvergenz als philosophisches Problem zu halten, ohne den Bezug zu Prag herzustellen. Vermutlich war das für die Studenten eher langweilig, ich musste auf diese Weise aber nichts gegen meine Überzeugung tun. Der Kommentar der Aufsichtspersonen lautete: „Es war ja nicht so schlecht, was Sie da gemacht haben, aber Sie hätten eigentlich etwas zur aktuellen politischen Situation sagen sollen". Ich hatte also eine Erwartung nicht erfüllt. Damit hatte meine Lehrtätigkeit begonnen. Von diesem Seminar abgesehen, habe ich sehr viel Freude an der universitären Lehre gehabt. Damals lag mein Schwerpunkt auf der Stilistik im pragmatischen Verständnis, aber auch Syntax, Lexikologie und Einführungsseminare gehörten zu meinen Lehrgebieten.

In dieser Zeit habe ich meine Dissertation geschrieben. Die Arbeit zum Thema „Zum Verhältnis von Syntax und Semantik im Wortgruppenlexem"[46] ist in wissenschaftshistorischer Hinsicht interessant. Ich habe bei der Bearbeitung des idiomatischen Materials strukturalistische Methoden angewendet. Wir befanden uns damals in der Phase, als im Kontext der „Kybernetikalisierung" auch der Strukturalismus groß geschrieben wurde. Dessen Methoden haben mich sehr interessiert. Sie waren in einer durchideologisierten Umwelt verführerisch, weil Strukturen, Relationen, Beziehungen der Gegenstand sind und Ideologie keinen Platz findet. So dachte ich jedenfalls damals. Die Zustimmung meines Doktorvaters bekam ich verständlicherweise uneingeschränkt; denn dieses Vorgehen ordnete sich zu der Zeit noch in eine gewünschte Kampagne ein. Während der dreijährigen

46 Die Dissertation findet sich in *Beiträge zur Geschichte der deutschen Sprache und Literatur*: Fix (1974/1976).

Arbeitsphase fand jedoch die sogenannte Strukturalismusdebatte statt, das heißt eine ideologisch begründete, äußerst kritische Auseinandersetzung von Vertretern der SED mit dem Strukturalismus als von westlicher Ideologie getragene Theorie und westliche Methode.[47] Alles, was mit großer Geste begonnen worden war, wurde zurückgenommen. Wer strukturalistisch gearbeitet hatte, geriet unter Verdacht.[48] Wolfgang Motsch schrieb, sicher nicht aus eigenem Entschluss, eine Arbeit zur „Kritik des sprachwissenschaftlichen Strukturalismus", in der er – ursprünglich Vertreter dieser Richtung – Kritik daran übte, dass strukturalistisches Vorgehen die Sprache nicht „in ihrem Verhältnis zum gesellschaftlichen Sein der Menschen"[49] betrachte, was unbedingt nötig sei. Genau das war mein Grund gewesen, mich dem Strukturalismus zuzuwenden. Die Beziehung zum gesellschaftlichen Sein hätte damals zweifellos Ideologisierung bedeutet.

47 Meine Dissertation war zu dieser Zeit nahezu abgeschlossen.

48 Auf diesem Gebiet weiterarbeiten durften die Arbeitsstelle „Strukturelle Grammatik" an der Akademie der Wissenschaften und in begrenztem Rahmen Vertreter der Slawistik an der Karl-Marx-Universität. Dort war es das Verdienst von Rudolf Růžička.

49 Motsch (1974: 9). „Von besonderer Tragweite ist die bewusste oder unbewusste Ausklammerung der gesellschaftlichen Funktion und Determiniertheit der Sprache, die für die Mehrzahl aller strukturalistischen Schulen charakteristisch ist. Die Zugehörigkeit der engeren Sprachwissenschaft zu den Gesellschaftswissenschaften wird auf diese Weise in Frage gestellt."

Lehraufenthalte in Bagdad und Helsinki – Kriegs- und Demokratieerlebnis

1972 war meine Stelle ausgelaufen. Ich befand mich im Mutterurlaub – unser erster Sohn war geboren worden – hatte aber das Versprechen, dass ich 1973 eine andere Stelle bekommen würde. Im Verlauf dieses Jahres wurde mir jedoch mitgeteilt, dass ich die zugesicherte Stelle nicht bekommen könne. Begründung: „Sie haben ja strukturalistisch gearbeitet." So war ich also in die Mühlen der Wissenschaftspolitik geraten und fürs Erste arbeitslos. Nachdem ich mich anderseitig vergeblich bemüht hatte, Arbeit zu bekommen, erhielt ich doch noch eine Stelle am Institut. In diese Zeit fiel der schon zitierte Satz, „Frau Fix, Sie haben einen grundsätzlichen Fehler. Sie denken zu viel. Sie werden hier nie etwas werden". Im Anschluss an die Dissertation hatte ich mich zwar mit Überlegungen zum Habilitationsthema beschäftigt, nachdem mir aber gesagt worden war: „Für Sie kommt das nicht in Frage", habe ich das Vorhaben liegen lassen. Es gab andere Aufgaben. Unser zweiter Sohn wurde 1976 geboren und 1979 reiste unsere Familie nach Bagdad, wo ich als Deutschlektorin an der Universität arbeitete.

Nachdem wir die Examen abgelegt hatten, haben mein Mann und ich uns auf eine entsprechende Frage hin bereit erklärt, im Auftrag des „Ministeriums für Hoch- und Fachschulwesen" an eine Universität im Ausland zu gehen. Wir betrachteten das als eine Möglichkeit, unsere kleine DDR-Welt einmal von außen zu sehen. Auf unseren Antrag bekamen wir keine Antwort und so schlussfolgerten wir, dass wir „nicht in Frage kämen". Viel später, im Zuge der Anerkennung der DDR, entstand ein großer Bedarf an Deutschlektoren, die an Universitäten der Länder, die die DDR mittlerweile diplomatisch anerkannt hatten, arbeiten sollten. Jetzt war die Auswahl großzügiger. Auch jemand, der nicht Mitglied der SED war, wurde nun, wenn der Bedarf groß genug war, ins Ausland geschickt. Allerdings kam, soweit ich das überblicke, kein „westliches“ Land, sondern nur das „sozialistische Ausland“ in Frage oder wie in unserem Fall der Irak. Die unkommentierte Information, die wir erhielten, lautete: „Wir haben Sie jetzt auf der Liste“. So sind wir mit unseren beiden Kindern im Herbst 1979 nach Bagdad geflogen. Als Lektorin an der Universität habe ich viel über die Spezifik der Vermittlung von Deutsch als Fremdsprache gelernt. Dieser Aufenthalt ist allerdings nach einem reichlichen Jahr beendet worden, weil 1980 der erste Irak-Iran-Krieg ausbrach und die DDR-Vertretung in Bagdad alle Familien evakuierte. Wir waren froh, den Luftkämpfen über der Stadt zu entkommen.

Wir sollten so bald wie möglich – allerdings ohne Kinder – wieder zurückkehren, weigerten uns aber, die Kinder in ein Diplomaten-Internat zu geben. So standen wir als „verfügbar“ auf der Vertragsliste des Ministeriums. In dieser Zeit musste eine durch „Republikflucht“ freigewordene Stelle an der Universität Helsinki (der Lektor – Mitglied der SED – hatte sich nach Schweden abgesetzt) schnell besetzt werden. In dieser „Notlage“ sind wir nun doch für ein nichtsozialistisches Land in Frage gekommen. Wir haben als Familie zwei Jahre in Helsinki gelebt und gearbeitet. Nicht länger, weil die Kinder nur die Botschaftsschule der DDR (keine finnische und auch nicht die deutsche und sowjetische Schule in Helsinki) besuchen durften und dort die Klassenstufe, die unser ältester Sohn zuletzt hätte besuchen müssen, nicht unterrichtet wurde.

Die Arbeit im Ausland – den Wechsel der DDR-beengten Perspektive gegen eine „von außen“ – fanden wir ungeheuer bereichernd. Vor allem die Jahre in Finnland haben wir als ein großes Glück empfunden, weil wir dort neben vielem anderen gelernt haben, wie man Demokratie wirklich leben kann, dass man für

Demokratie selbst mitverantwortlich ist und wie ein für alle gut verträgliches soziales System ohne Sozialismus funktionieren kann. Es war prägend, in der Praxis erleben zu können, dass Menschen selbständig denken dürfen und dass es dennoch oder eben gerade deshalb funktioniert, dass mein von der SED-Funktionärin kritisierter Hang, die Dinge selbst durchdenken zu wollen, der gewünschte Normalfall sein kann.

In die Helsinkier Zeit fielen die politischen Ereignisse in Polen. Erschrocken waren wir über die Verhängung des Kriegsrechtes in Polen von 1981 bis 1983. Wir betrachteten das selbstverständlich als eine Maßnahme des Jaruzelski-Regimes gegen die Demokratiebewegung der Gewerkschaft Solidarność und waren sehr besorgt, was uns nach unserer Rückkehr auch in der DDR erwarten würde. Die Ereignisse der Jahre 1989/90 sahen wir allerdings nicht voraus.

Habilitationsarbeit – nun doch, aber unvollständig

Nach 1989, als ich Foucaults „Überwachen und Strafen“ gelesen habe, wusste ich, wie ich meine Situation in der DDR beschreiben kann. Man war im Foucaultschen Sinne permanent institutionell überwacht, und es gab Sanktionen, wenn man den Regeln nicht folgte. Ich kann mich sehr genau an den Tag Ende des Jahres 1989 erinnern, als ich mich auf dem Weg in das Leipziger Universitätshochhaus beobachtete und feststellte, dass ich ganz anders als früher dorthin ging. Ich hatte keine Angst mehr vor Überwachung. Die Sanktion in meinem Fall sah unter anderem so aus, dass für mich eine Habilitation nicht in Frage kam. Es hieß: „Sie stehen nicht im Kaderentwicklungsplan“. Ich habe diesen Plan nach der „Wende“ in den Institutsakten gefunden. Für alle Mitglieder des Instituts, die nach ihrem Ausbildungsstand in der Lage gewesen wären, sich zu habilitieren, war festgelegt, ob sie das tun dürfen oder nicht. Das hing nicht primär mit ihren fachlichen Fähigkeiten zusammen, denn das hätte sich ja von selbst geregelt, sondern mit ihrer „Einstellung“ zum Staat und seiner Ideologie. Wie ich in den Unterlagen gesehen habe, existierte für jede Person am Institut eine Übersicht über ihre persönlichen Daten, wie sie auch in jedem Personalbogen standen. Hinzu kam aber, dass auch die Parteizugehörigkeit vermerkt war. Auch, ob man zu einer Kirche gehört oder nicht und in welchem Maße man die Zugehörigkeit realisiert. Weiter war zu lesen, ob man Verwandte und Freunde in der „BRD“ hat und wie der Kontakt mit diesen Personen aussieht etc. Am Schluss stand bei Person X: „Habilitation im Jahr Y, Professur im Jahr Z“ und bei einer anderen Person stand dann: „Nicht im Kaderplan“.

Nach meiner Rückkehr aus Helsinki habe ich mir gesagt, dass man mir natürlich die Aufnahme in den Kaderplan verweigern kann, nicht aber die Habilitation. Die Demokratie-Erfahrung und auch die reiche fachliche Anregung, die ich in Helsinki bekommen habe, wo es ja, beginnend mit Emil Öhmann, eine traditionsreiche Sprachwissenschaft[50] gab, waren der Grund, dass ich mich nach meiner Rückkehr entschlossen habe, nun doch eine Habilitation anzustreben und eigene Publikationen ohne die eigentlich üblichen Genehmigungen „von oben" vorzulegen.[51] Ich nutzte die jedem aus dem Ausland Zurückkehrenden vertraglich zugesicherte Zeit für eine Weiterbildung und habe mich 1988 – durch diese Umstände relativ spät – habilitiert. Die doch noch zustande gekommene Habilitation kann ich im Nachhinein nur als Glücksfall betrachten. Wenn ich den Vorstellungen der „Partei" gefolgt wäre, hätte ich nach 1989 keine Stelle gehabt. Das am Anfang scheinbar sinnlose Unternehmen der Habilitation – es sollte ja in Leipzig keine Stelle für mich geben und Stellenausschreibungen gab es in der DDR nicht bzw. nur formal – hat sich im Nachhinein als sehr sinnvoll erwiesen.

So arbeitete ich von 1984 bis 1987 an der Universität Halle in der Forschungsgruppe von Gotthard Lerchner, dem ich Förderung und viele Anregungen zu verdanken habe, an meiner Habilitationsschrift zum Thema: „‚kommunikativ adäquat' – ‚stilistisch adäquat'. Zu Problemen, Kategorien und Kriterien der Redebewertung". Es ging mir um die Klärung der Kategorie ‚Bewertung' sprachlicher Leistungen im philosophisch-sprachlich-kommunikativen Bereich und um Bewertungsprobleme praktischer Art (Schule, Redaktionen, Lektorate). Befragungen, die ich zu diesem

50 Ich hatte u. a. Kaj B. Lindgren (historische und kontrastive Linguistik, Syntax), Marjatta Wis (Mediävistik, Sprachgeschichte), Kalevi Tarvainen (Dependenzgrammatik), Markku Moilanen (Pragmalinguistik, Semantik, Textlinguistik), Matti Luukkainen (historische Linguistik, Grammatik) und Irma Hyvärinen (Grammatik, Lexik, Textlinguistik, Idiomatik) mit ihren Arbeiten kennengelernt und erlebte den Start der Textlinguistik mit, der sich in Kontakt zu Dieter Viehweger vollzog. Ingrid Schellbach-Kopra richtete mein Interesse unter volkskundlichem Aspekt auf Gattungsfragen.

51 Dazu ge: Sprichwenndukannst. Schriftsteller über Sprache; Fix (Hrsg.) (1990).

Zweck in den genannten Institutionen hätte durchführen müssen, bedurften in der DDR immer einer offiziellen Erlaubnis. Diese erhielt ich aber nicht. So entstand eine rein theoretische Arbeit, die ich 1988 mit Erfolg verteidigte. Um sie zu veröffentlichen, hätte ich, so meinte ich damals, die geplanten Befragungen nach 1989 nachholen müssen. Dazu fehlte mir in der Phase der Erneuerung der Universität, an der ich in verschiedenen Kommissionen beteiligt war, jedoch die Zeit. So blieb die Arbeit unveröffentlicht. Nur Teile daraus wurden später als Aufsätze publiziert.[52] Die Hauptkategorien ‚adäquat'/‚angemessen', und ‚ästhetisch' sind aber zu Schlüsselbegriffen für viele meiner folgenden Arbeiten geworden.

Neben der Vervollständigung der Habilitationsarbeit fielen auch andere Projekte den Nachwendebelastungen zum Opfer, so – wie oben schon erwähnt – ein großes, durch Exposés gestütztes und schon verlagsgebundenes Wörterbuchprojekt, das verschiedene kleine Wörterbücher des Deutschen, jeweils von einem anderen nichtalphabetischen Ansatz ausgehend, vereinen sollte und an dem sich einige Kolleginnen des Instituts beteiligen wollten.[53]

Hier ist nun der Ort, etwas über die Leipziger Kolleginnen zu sagen.

52 Fix (1990b; 1990c).

53 *Integratives Minimalwörterbuch der deutschen Gegenwartssprache.* „Sprachschatz – Der *reichthum* der Sprache im Wörterbuch".

Vierter Exkurs: Leipziger Kolleginnen und unsere kollegiale Arbeitsatmosphäre

In den 1970er Jahren begann sich unter uns Leipziger Sprachwissenschaftlerinnen der damals jüngeren Generation eine enge Gemeinschaft herauszubilden, die bis heute besteht. Es ist aus meiner Sicht ein äußerst seltener Fall, dass Menschen eines Arbeitsbereichs derart kollegial und sich gegenseitig anregend zusammenarbeiten und freundlich-fürsorglich miteinander umgehen. Die Beziehungen zwischen Irmhild Barz, Hannelore Poethe, Marianne Schröder, Brigitte Uhlig, Ingrid Wiese, Gabriele Yos und – später dazugekommen – Karin Hämmer und Anja Seiffert dauern bis heute an. Dafür bin ich sehr dankbar. Besonders dankbar können wir alle sein, dass Anja Seiffert mit der Tatkraft der Jüngeren und mit viel Einfallsreichtum und Aufwand dafür sorgt, dass der Zusammenhalt der Gruppe trotz Rückzug aus dem Lehrbetrieb und trotz nachlassender Kräfte gewahrt wird. Die positiven, manchmal etwas neidvollen Kommentare, die westdeutsche Kollegen hin und wieder zu dieser friedlichen Konstellation Leipziger Linguistinnen äußerten, haben mich nachdenklich gemacht. Ich habe sie mit Kolleginnen aus diesem Kreis erörtert. Eine von ihnen betont immer wieder, es sei das fehlende Konkurrenzdenken gewesen, das diese gute Atmosphäre ermöglicht habe. Hierhin mag die Erfahrung gehören, die Ludwig Stockinger als aus dem Westen gekommener Hochschullehrer in Leipzig gemacht und in seinen autobiographischen Text[54] aufgenommen hat.

54 Stockinger (2019).

„Und das ‚Positive'? War denn gar nichts ‚gut' in der DDR? Doch, es gab eine – allerdings auf den Raum innerhalb der Blase ‚Universität' begrenzte – Erfahrung [...] *Ich begegnete unter den Leipziger Kolleginnen, die in der DDR sozialisiert worden waren, in der großen Mehrheit dem Typ berufstätiger Frau, die ihre Rolle in einer Art unverkrampfter Selbstverständlichkeit lebten, wie ich sie bei den Kolleginnen, die aus dem Westen nach Leipzig gekommen waren, nur in Ausnahmefällen beobachten konnte."*[55]

Wenn ich ‚unverkrampft' und ‚selbstverständlich handelnd' verstehe als Eigenschaften von Individuen, die sich ihres Wertes bewusst sind, dabei zugleich den Wert der anderen sehen und Verantwortung für die Gemeinschaft übernehmen wollen, dann hat Stockinger wohl recht. In diesen Kontext gehört, dass in der DDR aufgewachsene Frauen ein Problem nicht hatten – nämlich das ihrer Anerkennung. Männer und Frauen hatten laut Verfassung gleiche Rechte, die auch umgesetzt wurden. Während der Wert einer Person sehr wohl geringer veranschlagt wurde, wenn sie nicht auf der gewünschten politischen Linie lag, wurde er durch ihr Geschlecht nicht in Frage gestellt. In dem Kontext fällt mir eine Begebenheit ein, die sich während meines ersten Vortrags an der Universität Tübingen ereignet hat. Ich sprach im Rahmen des Studium Generale vor vollem Saal über den öffentlichen Sprachgebrauch in der DDR. Die erste Frage, die nach dem Vortrag an mich gerichtet wurde, betraf nicht einen linguistischen oder politischen Aspekt meines Vortrags, sondern meinen Sprachgebrauch. Ich hatte mich – wie von den Veranstaltern gewünscht – vor dem Vortrag selbst vorgestellt und unter anderem gesagt, dass ich Anfang der 70er Jahre eine Assistentenstelle innegehabt habe. Wieso ich von Assistentenstelle und nicht von Assistentinnenstelle gesprochen habe, war die vorwurfsvolle Frage. Damit

55 Stockinger (2019: 44 f.).

schlüge ich doch feministischen Bestrebungen ins Gesicht. Meine spontane Antwort war, dass ich in dieser Hinsicht – also der der Gleichberechtigung – in der DDR keinen Leidensdruck gehabt habe. Mein Leidensdruck sei vielmehr politischer Art gewesen. Erst später habe ich durch Berichte von westdeutschen Kolleginnen und durch Lektüre verstanden, wie wenig sich damals noch die Gleichberechtigung in der Bundesrepublik durchgesetzt hatte. Auch wenn ich ein historisch begründetes Verständnis für den Feminismus habe, wehre ich mich dagegen, mich von den jüngsten feministischen Bestrebungen als ‚Opfer' vereinnahmen zu lassen. Deren Tenor, etwa in der #MeToo-Bewegung, lautet vereinfacht: Frauen müssen sich wehren, weil sie Opfer sind. Keine der in der DDR aufgewachsenen Frauen und keine von deren Töchtern und Enkelinnen, die ich gefragt habe, fühlen sich als Opfer, also als Frau diskriminiert. Das sollten alle Verfechter von #MeToo, vor allem aber die Soziologen wahrnehmen. Sie haben bisher nicht verstanden, dass sie mit den in der DDR aufgewachsenen Frauen und deren Partnern eine soziologisch relevante einmalige, durch gemeinsame Sozialisierung geprägte Gruppe von Menschen vor sich haben, die – darauf kommt es mir an – in ihren Erfahrungen von denen westdeutscher Altersgruppen entscheidend abweicht. Wenn Soziologen, Philosophen und andere davon ausgehen, dass Frauen als ‚Opfern' geholfen werden muss, so trifft dies auf die genannte Gruppe nicht zu. Möglichen Einwänden, dass es eine völlige Gleichberechtigung doch nicht gegeben habe, denke man zum Beispiel an die geringe Präsenz von Frauen in hohen Partei- und Staatsämtern, stimme ich gern zu. Mir geht es aber nicht darum, die konsequente Durchsetzung der Gleichberechtigung auf allen Gebieten zu prüfen. Die gab es sicher nicht. Mein Anliegen ist vielmehr zu zeigen, dass in der DDR aufgewachsene Frauen sich mit Selbstverständlichkeit als gleichberechtigte Menschen empfunden haben und daher selbstbewusst in sich ruhen konnten. Das wird es sein, was Ludwig Stockinger gemeint hat. Machte man sich das klar, könnte man auch einmal vorurteilslos wahrnehmen, welch wichtige Rolle die Männer bei der Durchsetzung dieser Gleichberechtigung gespielt haben. Sie haben, wie ich meine, die frühere Rolle des dominanten Partners gegen die des Partners, der alle Verantwortung in der Familie mit der Partnerin einvernehmlich teilt und trägt, ohne alles Aufsehen eingetauscht. Das bedarf dringend einer Würdigung.

Doch zurück zu den Kolleginnen. An zwei Beispielen aus dem Bereich der Publikationen will ich das Besondere unserer Zusammenarbeit zeigen.

Beispiel: Die Leipziger Skripten

Der damalige Geschäftsführer des Verlags Peter Lang, Jürgen-Matthias Springer, kam in den Jahren nach der „Wende" oft an die Leipziger Universität, um Autoren zu gewinnen und Kontakt mit ihnen zu halten. Er hatte ein ausgeprägtes Interesse an der germanistischen Sprachwissenschaft und große Hochachtung vor der Leipziger Germanistik. Die begründete er auch damit, dass er im Studium mit der von Wolfgang Fleischer, Wolfdietrich Hartung, Joachim Schildt und Peter Suchsland herausgegebenen *Kleinen Enzyklopädie Deutsche Sprache* sehr gut gearbeitet habe.[56] Sein Ziel war es, eine Bearbeitung dieser Enzyklopädie in die Wege zu leiten und im Peter Lang Verlag herauszubringen. Das ist ihm gelungen. 2001 erschien die von Wolfgang Fleischer, Gerhard Helbig und Gotthard Lerchner herausgegebene neue *Kleine Enzyklopädie Deutsche Sprache*, erweitert und auf den neuesten Stand gebracht. Im Zusammenhang damit ermunterte er uns Leipziger Kolleginnen, unsere Publikationsarbeit auch auf das Schreiben von Einführungsbüchern auszudehnen. Es war damals die Zeit, in der sich die Einführungsliteratur zu entwickeln begann, die später eine Blütezeit erleben sollte. Das von mir verfasste Kapitel

56 Verlag VEB Bibliographisches Institut Leipzig. 1983.

zur Textlinguistik in der neuen *Kleinen Enzyklopädie*, so meinte er, könne doch der Kern eines Einführungsbuches zu Textlinguistik und Stilistik werden. So geschah es dann auch. Zunächst gingen Irmhild Barz, Marianne Schröder und ich den aus unserer Sicht sehr gewagten Schritt, eine Reihe für Einführungsbücher zu gründen: *Leipziger Skripten*. Die Bände widmeten sich vor allem linguistischen, aber auch sprechtheoretischen und literaturwissenschaftlichen Problemen. Die Titel[57] zeigen, dass die oben genannten Kolleginnen aus der Sprachwissenschaft als Autorinnen führend beteiligt waren und dass weitere Autorinnen und ein Autor dazu gewonnen werden konnten. Einige der Bände sind in mehreren Auflagen erschienen. Ein Projekt, das in Ausschnitten die Arbeit des Instituts widerspiegelte, war so in kurzer Zeit realisiert worden. Das wäre ohne den Enthusiasmus und den Einsatz der Kolleginnen nicht möglich gewesen.

Beispiel: Das Hörfilm-Buch[58]

Die Vorgeschichte: Nach der „Wende" verliefen die Fachbereichssitzungen der Sprachwissenschaft, die am Institut regelmäßig stattgefunden hatten und wissenschaftlichen und organisatorischen Fragen gewidmet waren, allmählich im Sande, das heißt: wissenschaftliche Debatten fanden kaum noch statt. Da entschlossen sich die Kolleginnen, die in Lehre und bisheriger For-

57 Band 1: Ulla Fix/Hannelore Poethe/Gabriele Yos unter Mitarbeit von Ruth Geier (2001): *Textlinguistik und Stilistik für Einsteiger. Ein Lehr- und Arbeitsbuch.* Band 2: Irmhild Barz/Marianne Schröder/Karin Hämmer/Hannelore Poethe (2007): *Wortbildung – praktisch und integrativ. Ein Arbeitsbuch.* Band 3: Tina Simon (2003): *Rezeptionstheorie. Einführungs- und Arbeitsbuch.* Band 4: Siegrun Lemke (2006). Unter Mitarbeit von Philine Knorpp: *Sprechwissenschaft/Sprecherziehung. Ein Lehr- und Übungsbuch.* Band 5: Melani Schröter/Björn Carius (2009): *Vom politischen Gebrauch der Sprache. Wort, Text, Diskurs. Eine Einführung.*

58 Fix (Hrsg.) (2005).

schung mit dem Thema ‚Text' zu tun hatten, einen eigenen kleinen Zirkel zu bilden, der sich diesem aktuellen Gegenstand aus vielen denkbaren Perspektiven widmen sollte. Es hatte in Leipzig im Jahr 2000 ein interdisziplinäres Symposion zum Thema „Bild im Text – Text und Bild"[59] gegeben, eine ganze Vorlesungsreihe zum Thema „Bild" im Studium universale hatte stattgefunden, und ich hatte schon semiotisch zu Sprach- und Bildbeziehungen gearbeitet. Angesichts der Einblicke, die wir auf diese Weise bereits in die Text-Bild-Beziehungen gewonnen hatten,[60] war es verlockend, dem Problem nachzugehen und es konzentriert an einem möglichst geschlossenen Untersuchungsgegenstand zu vertiefen. So entschlossen wir uns, auf dieser Spur zu bleiben. Ich sehe uns noch bei der ersten Zusammenkunft des neuen Arbeitskreises an einem langen Tisch sitzen und gemeinsam überlegen, aus welcher Richtung wir das Thema ‚Text und Bild' in einem gemeinsamen Projekt angehen sollten, zu dem alle, je nach Spezialisierung, etwas beitragen konnten.

Karin Hämmer äußerte eine überraschende Idee. Sie habe sich im Fernsehen einmal die Audiodeskriptionen angeschaut, also die für übliche Filme hergestellten, für sehbehinderte und blinde Rezipienten gedachten sprachlichen Beschreibungen von Bildfolgen und Bildelementen. Es handelt sich um Texte, die wie „akustische Untertitel" in Dialogpausen üblicher Kino- und Fernsehfilme, gleichsam als Übersetzung des Visuellen in Sprachliches, eingesprochen werden. Karin Hämmer meinte, wir als Sprachwissenschaftlerinnen hätten für den Übersetzungsvorgang vom Bild in das Wort mit unserem lexikalischen, semantischen, syntaktischen Wissen doch einiges beizusteuern. Diese Idee erwies sich nicht nur als tragfähig, sondern als fachlich äußerst anregend und zudem interdisziplinäres Vorgehen herausfordernd. Die zentrale Frage des in kollektiver Arbeit entstandenen Bandes lautet, was

59 Veranstaltet von Hans Wellmann und Ulla Fix.

60 Fix/Wellmann (2000); Fix (1996a; 2001b).

vor sich geht, wenn visuelle, vor allem bildliche Funktionen durch Sprache ersetzt werden müssen, worin die Probleme der Reduktion eines multikodalen Textes (z. B. Visuelles, Geräusche, Sprache im Film) auf einen reinen Sprachtext bestehen. Dieser Frage wurde mit Analysen unter morphologisch-syntaktischem, lexikalisch-semantischem, gesprächsanalytischem, textlinguistisch-erzähltheoretischem, übersetzungs- und kulturwissenschaftlichem Aspekt von Karin Hämmer, Heike Elisabeth Jüngst, Kim Kluckhohn, Henrike Morgner, Steffen Pappert, Hannelore Poethe, Anja Seiffert, Gabriele Yos und mir nachgegangen. Gegenstand war der Hörfilm „Laura, mein Engel".

Bereichert wurde unsere Zusammenarbeit durch Anke Nicolai von Hörfilm e.V. München (wo wir das Buch auch vorgestellt haben) und durch die Unterstützung der „Deutschen Zentralbücherei für Blinde" in Leipzig. Die Drucklegung beim Erich Schmidt Verlag wurde vom Mitteldeutschen Rundfunk gefördert. Die sehr schwierige Einrichtung des Bandes, der viele Transkriptionstabellen enthält, besorgten uneigennützig und sorgfältig Marianne und Herbert Schröder. So ist dieses Buch ein Gemeinschaftswerk im besten Sinne geworden. Sicher möchte keiner von uns die Arbeit daran missen. Es freut mich immer, wenn mir Kolleginnen, die in Hildesheim, Winterthur und anderswo im Bereich der Translationswissenschaften auch Audiodeskription unterrichten, sagen, dass dieses Buch zu den Standardwerken ihres Faches gehört.

Paradigmenwechsel – wissenschaftliche Entwicklung

Wenn ich von Paradigmenwechsel rede, ist das nicht im strengen Sinne des Paradigmenbegriffs, sondern eher metaphorisch zu verstehen. Ich betrachte am Beispiel der für mich zentralen Themen *Sprachbewertung*, *Stil* und *Text*, wie sich Rahmenbedingungen und dementsprechend wissenschaftliche Perspektiven im Laufe meines wissenschaftlichen Arbeitens verändert haben.

Ende des strukturalistischen Vorgehens

Die Phase des Strukturalismus in der DDR war in der ersten Hälfte der 1970er Jahre durch Beschluss „von oben" beendet, sodass die äußeren Bedingungen für eine Weiterarbeit auf diesem Gebiet nicht mehr gegeben waren. Meinem Bestreben nach Abstraktion, nach dem Ermitteln von Relationen und Strukturen hatte ich bis dahin – wenn auch „rufschädigend" – nachgehen können. Was blieb: Neben vielem anderen war es vor allem die vertiefte Beschäftigung mit de Saussure, Chomsky, Jerrold J. Katz; Jerry A. Fodor, Charles J. Fillmore, Manfred Bierwisch und mit den Arbeiten der *Arbeitsstelle Strukturelle Grammatik*[61] sowie die Beschäftigung mit dem russischen und Prager Strukturalismus und dessen Auswirkungen bis in die Gegenwart. Unterm Strich blieb mir die Fähigkeit, Sachverhalte nach ihren Strukturen und Relationen zu betrachten, erhalten.

Gegenstand meiner strukturalistisch angelegten Dissertation war ein umfangreicher Bestand an Wortgruppenlexemen/Phraseologismen des Deutschen. Mein Anliegen war damals, diesen

61 Arbeitsstelle der Akademie der Wissenschaften der DDR.

Bestand nach seinen Relationen und Strukturen zu formalisieren und nach seinen syntaktischen und semantischen Verhältnissen beschreibbar zu machen. Da ich glaubte, das mit meiner Arbeit geleistet zu haben, sah ich auf dem Gebiet der Wortgruppenlexeme für mich kein weiteres Betätigungsfeld. Das war eine Fehleinschätzung: Damals habe ich nicht erkannt, dass es hochinteressant gewesen wäre, Wortgruppenlexeme unter pragmatischem und kulturellem Aspekt zu untersuchen. Eine Brücke ergab sich, als ich mich im Rahmen der Textsortenforschung mit Slogans, Losungen und anderen Spruchtextsorten sowie Sprichwörtern befasst habe. Um zwischen Wortgruppenlexem und Sprichwort unterscheiden zu können, was als schwierig, ja problematisch gilt, musste ich mich noch einmal mit dem Wortgruppenlexem befassen. Mein Fazit war: Gemeinsam ist dem Wortgruppenlexem und dem Sprichwort, dass sie einen festen Wortbestand haben und eine Bedeutung, die nicht identisch ist mit der Bedeutung ihrer Bestandteile. Unterschiedlich dagegen ist, dass Wortgruppenlexeme unabgeschlossen sind und in einen erst hervorzubringenden Text integriert werden müssen, während Sprichwörter abgeschlossene Texte sind und als Ganzheit reproduziert werden. Damit war ich bei Textsorten- und Gattungsfragen angekommen.

Sprachbewertung – „Beziehungen zum gesellschaftlichen Sein“

Unter den Umständen der Freiheit von Lehre und Forschung konnte ich mich nach 1989 den von Motsch[62] (1974: 208) geforderten „Beziehungen zum gesellschaftlichen Sein“ beruhigt zuwenden. Nun bedeutete dieser Bezug nicht mehr Ideologisierung, sondern sachliche Betrachtung der sozialen, kulturellen und historischen Umstände, unter denen sprachliche Äußerun-

62 Motsch (1974).

gen zustande kommen. Während ich am Anfang, also noch in der DDR, Motschs Vorstellung ablehnte, habe ich mich später dem Gedanken dezidiert zugewandt – freilich unter anderen theoretischen und gesellschaftlichen Voraussetzungen, nämlich denen freier Forschung. Ohne dass es mir damals bewusst gewesen wäre, konnte man es aber auch schon in der DDR – und zwar in nicht-ideologischer Weise – mit dem „gesellschaftlichen Sein" zu tun haben. Nämlich dann, wenn man sich mit Fragen der Bewertung, speziell mit der Angemessenheit sprachlicher Äußerungen befasst hat. Meine Beschäftigung damit begann ganz im kleinen, indem ich mich schon als Studentin in der Zeitschrift „Sprachpflege" an der Sprachberatung beteiligte, nämlich Anfragen von Lesern beantwortete. Ein wichtiges Kriterium war für mich – wenn es nicht um Fragen der Sprachrichtigkeit, sondern um solche des Sprachgebrauchs ging – das Berücksichtigen der Angemessenheit, das heißt die Tatsache, dass wir uns beim Formulieren auf die Situation, in der wir uns äußern, einzustellen haben. Betrachtet man also Texte nach der Angemessenheit ihrer Formulierung, geht es – im kleinen Rahmen – um deren „Beziehungen zum gesellschaftlichen Sein". Zu berücksichtigen sind eine Vielzahl von Relationen und die Einhaltung verschiedener Arten von Normen. Vom Kriterium der Richtigkeit, bezogen auf die Einhaltung instrumentaler Normen (syntaktisch, semantisch korrekt), über das Kriterium der Wohlgeformtheit (ästhetisch, wohlgeformt) spannt sich der Bogen bis hin zu den auf die Situation bezogenen sozial bestimmten Angemessenheitskriterien. Zur Kommunikationssituation gehören unter anderem der Tätigkeitsbereich, in dem kommuniziert wird, die sozialen Rollen, das soziale Verhältnis und die Kommunikationsziele der Beteiligten, das behandelte Thema und der verwendete Kanal. Das war der Rahmen, in dem man sich auch in der Zeitschrift „Sprachpflege" beim Thema Sprachbewertung bewegte.

Die Praxis der Zeitschrift „Sprachpflege" wie auch die theoretischen Bemühungen um „Sprachkultur" in der DDR hatten, soweit ich sehe, unter vielen westdeutschen Fachleuten keinen guten Ruf. Sie galten als rückständig und normierend. Dieses Urteil wird der Sache aber nicht gerecht. Die Zeitschrift vertrat konsequent und für damalige Verhältnisse sehr modern den pragmatischen Anspruch der Angemessenheit. In der Diskussion um „Sprachkultur“ (Techtmeier 1977)[63] ging es nicht, wie oft unterstellt, um einen elitären, pädagogisierenden Anspruch, sondern um die Heranbildung von Sprachbewusstheit, die heute in der Diskussion um Sprachkultivierung (Janich 2004)[64] berechtigterweise im Zentrum steht.

Einer meiner frühen Aufsätze, 1976 in der Zeitschrift „Sprachpflege“ erschienen, heißt „Gibt es gute und schlechte Wörter?“[65]. Ein 2008 in „aptum“ gedruckter, ebenfalls mit Sprachbewertung befasster Text heißt „Ansprüche an einen guten (?) Text“.[66] Diese Beiträge schlagen einen Bogen vom Wort zum Text, indem sie sich auf das Kriterium der Angemessenheit beziehen. Dass der Beitrag von 1976 fünfundvierzig Jahre später noch etwas zu sagen haben könnte, habe ich damals natürlich nicht erwartet. Sein Grundgedanke kommt mir aber angesichts der gegenwärtigen Bemühungen um *political correctness* überhaupt nicht veraltet vor. Das Fazit des Textes war (und das gilt aus meiner Sicht selbstverständlich auch heute): Wörter sind weder „gut“ noch „schlecht“. Schlecht kann nur sein, was wir damit tun. Es ist ein Irrtum zu glauben, man könne mit dem Abschaffen von Wörtern die Welt von abschaffenswerten Zuständen befreien, Wortverbote schaffen Inhalte nicht ab. Das Schlechte wird unter neuen Bezeichnungen weiterleben. Statt von der fast mittelalterlichen Vorstellung einer mystischen Kraft des Wortes auszugehen – wenn wir *Gottseibeiuns* sagen und nicht *Teufel*, ist die Gefahr gebannt, wenn wir

63 Techtmeier (1977).

64 Janich (2004).

65 Fix (1976b).

66 Fix (2008c).

N-Wort sagen statt *Neger*, ist der Rassismus gebannt –, sollten wir besser unser Augenmerk auf die Herausbildung von Sprachbewusstsein und auf das Verständnis vom sozialen, kulturellen und historischen Charakter der Sprache und damit auf deren entsprechenden Gebrauch lenken – auf eine Basis also, auf der jeder seinen sprachlichen Umgang mit Wissen und Verantwortungsgefühl regeln kann.

Der Aufsatz in „aptum" zu den Ansprüchen an einen „guten" Text nimmt das Problem des Bewertens wieder auf, nun aber bezogen auf Textgebilde. Es heißt da, einen „guten" Text an sich gebe es ebensowenig, wie es „gute" Wörter gebe. Hier gilt ebenfalls das Prinzip der Angemessenheit. Auch Texte darf man nicht von ihrem Umfeld isolieren. Man darf sie nicht als statische Zeichenkomplexe betrachten, sondern man muss im Blick haben, dass sie das Instrument des außersprachlich bestimmten sprachlich-kommunikativen Handelns sind und von dieser Aufgabe geprägt werden. Über die sprachliche Richtigkeit hinaus muss die jeweilige Kommunikationssituation mit ihren Folgen für den Sprachgebrauch beachtet werden. Was Sprachteilnehmer brauchen, um einen gelungenen Text einer bestimmten Textsorte zu bilden, ist (mehr oder weniger) musterhaft in unserem Textmusterwissen enthalten. Indem man – zum Beispiel durch die Rezeption klarer, empfängerbezogener, dem Textmuster entsprechender Texte und die kritische Lektüre der eigenen – verinnerlicht, wie das Muster eines „guten" Exemplars einer Textsorte aussieht, hat man schon immanent die Kriterien der Textbewertung im Kopf.

Den Höhepunkt dieses pragmatischen Umgangs mit Sprache in Texten bildete damals aus meiner Sicht die „Praktische Stillehre" von Georg Möller.[67] Sie gehört zum Typ der deskriptiv-argumentierenden Stillehren (Sanders 1990; Püschel 2000)[68] die „Ratschläge enthalten, wie ein Text zu gestalten ist", und auch

67 Möller (1968; [5]1986).

68 Sanders (1990); Püschel (1991; 2009).

erklären, „was mit den vorgeschlagenen Gestaltungsmitteln erreicht werden kann“ (Püschel 2009, 54). Im Gegensatz dazu stehen präskriptiv-stilkritische Stillehren.[69] Sie sind traditionell von Praktikern verfasst, deren Ziel es ist, ausgehend von einem oft kulturpessimistischen Urteil über den Zustand der Sprache und ihres Gebrauchs, aus der eigenen Praxis und Lebenserfahrung gewonnene Ratschläge für ein „besseres Deutsch“ zu geben und so stilerziehend zu wirken. Sie beziehen sich, wenig argumentierend, auf das, was aus ihrer Sicht im üblichen Sprachgebrauch „richtig“ und „falsch“ bzw. „gut“ und „schlecht“ ist. Daher laufen die Urteile Gefahr, geschmäcklerisch auszufallen.

Die deskriptiv-argumentierend vorgehenden Autoren, meist Sprachwissenschaftler, verfügen über eigene wissenschaftlich abgesicherte Erkenntnisse zum Gegenstand. Sofern es ihnen gelingt, diese praxistauglich weiterzugeben und die Leser nicht durch Theoretisieren zu verwirren, sind ihre Arbeiten von großem Gewinn, etwa im Falle von Sanders und Püschel. In diese Gruppe reiht sich Möller ein, der zwar selbst nicht wissenschaftlich gearbeitet, die linguistische Literatur seiner Zeit aber in großem Umfang zur Kenntnis genommen und in seinen Texten implizit verarbeitet hat. Ihm, dem begnadeten Lehrer, ist es gelungen, die Darbietung von Wissen über Stil, auf einer eigenen Stilauffassung beruhend, für den Laien (Schwerpunkt: Vertreter praktischer Berufe und Schüler) verständlich, sach- und anwendungsbezogen, wertfrei und vorurteilslos zu vermitteln. Er legt eine in sich schlüssige Darstellung von Stil und Sprachgebrauch vor, die sich in Auffassungen der Kommunikationstheorie einbettet, ohne dem Laien die Theorie selbst zuzumuten, und bietet eine Anleitung zum Schreiben, die den Benutzer befähigt, situations- und adressatenbezogen zu formulieren. Subjektives Bewerten als Element des Umgangs mit Texten ist ihm fremd. Auf Vorschlag des Verlags und in engem Kontakt zu Georg Möller habe ich Mitte der sieb-

69 Schneider (1931); Reiners (1944); Sick (2008).

ziger Jahre seine „Praktische Stillehre“ überarbeitet. Möller, der nicht richtig erkennen konnte, was zu ändern nötig wäre, aber dennoch zustimmte, hatte recht. Außer einem Vorwort, das der Verlag wünschte, und dem Austausch und der Ergänzung von Belegen gab es keinen Arbeitsbedarf. Gewonnen habe ich dabei viel. Erst durch diese Arbeit habe ich ein wirkliches Verständnis für die praktische Arbeit mit Texten bekommen.

Leider ist die in der DDR publizierte „Praktische Stillehre“ nach 1989 nicht aufgelegt worden, obwohl Uwe Förster – in den 1980er Jahren kommissarischer Geschäftsführer der Gesellschaft für deutsche Sprache – sich vehement dafür eingesetzt hat. Mit seinem frühen Tod ist das Projekt wohl in Vergessenheit geraten.

Das Problem des Bewertens und seiner Kategorien hat mich über meine gesamte Arbeitszeit hinweg beschäftigt. Ein Schwerpunkt war immer die Auseinandersetzung mit Fragen zum Ästhetischen, zum Beispiel danach, ob es richtig bzw. angebracht sei, das Ästhetische von Texten zu bewerten, was das Textästhetische überhaupt ausmache und welche Kriterien gegebenenfalls dafür gelten. Der Erörterung möglicher Kategorien des Ästhetischen habe ich mich neben der Diskussion anderer Kategorien wie Korrektheit und Angemessenheit in meiner Habilitationsschrift[70] und in einigen Aufsätzen gewidmet. Wichtig war mir die Auseinandersetzung mit Gustav Theodor Fechners „Vorschule der Ästhetik“[71], mit Friedrich Kainz’ „Psychologie der Sprache“[72] und seinen „Vorlesungen über Ästhetik“[73] sowie Mukařovskýs „Kapitel aus der Ästhetik“[74]. Es geht bei diesen Autoren, so verschieden ihre zeitlichen und wissenschaftlichen Hintergründe auch sind, immer darum, dass es Ästhetisches im Sinne von Ge-

70 Fix (1987).

71 Fechner (1897).

72 Kainz (1954).

73 Kainz (1948).

74 Mukařovský (1970).

stalthaftem bei Texten (auch bei Alltagstexten) gebe, dass man es erkennen und bestimmen (nach Fechner sogar messen) könne und dass es nicht allein Reiz vermittle, sondern eine Funktion habe. Kainz zum Beispiel unterscheidet zwei Arten von Ästhetik: Formästhetik und Gehaltästhetik – Wirkung der „Wortleiber" und „Träger von Gedanklichem"[75]. Mit ‚Formästhetik' meint Kainz die einheitliche, prägnante Darstellung, die jedem Gegenstand als Voraussetzung seiner Existenz und seines Gebrauchs eigen sein sollte. Er listet Kriterien ihrer Beschreibung auf, die aus meiner Sicht nicht nur für literarische Texte, sondern für jeden Text gelten. Das sind vor allem Einheitlichkeit, Rhythmus, Wahrung von Proportionen, Wiederkehr und Varianz, Spannung und Lösung, Steigerung und Einheit in der Mannigfaltigkeit. Mukařovský vertritt eine vergleichbare Auffassung unter sozialem Aspekt: Wo eine Sache hervorgehoben, wo auf sie aufmerksam gemacht werden soll, sei die ästhetische Funktion ein nötiger Begleitfaktor. Er versteht das Ästhetische also als Teil der Funktion von Texten. Das bedeutet, dass es auch im pragmatischen Verständnis von Sprachgebrauch ein wichtiges Thema sein sollte.

Erweiterung des Stilbegriffs

Wenn man sich auch in der Sprachwissenschaft ab Mitte der 70er Jahre vorwiegend mit den Prinzipien pragmatischen Sprachhandelns befasst hat, gab es doch kein gänzliches Abwenden von strukturalistischen Gedanken – nicht im Allgemeinen und auch nicht in meinen Arbeiten; denn in Wahrheit war es mit dem Strukturalismus ja gar nicht völlig vorbei (und konnte es auch nicht sein). Wichtige Prinzipien wurden tradiert – nur vielleicht nicht explizit, nicht mehr aus amerikanischen Quellen stammend,

75 Kainz (1948: 529).

nicht mehr alles dominierend und nun auf anderen Gebieten, so erstaunlicherweise auch in der Stilistik.

Stil und Struktur[76]

In den sechziger Jahren des 20. Jahrhunderts vollzog sich neben dem Paradigmenwechsel zur pragmatischen Stilistik ein weiterer Wechsel, der sich in Auseinandersetzung mit dem Stilparadigma des werkimmanenten Zugangs zum Text vollzog. Dieses trat nun angesichts anderer – vor allem literaturwissenschaftlicher Zugänge (Strukturalismus, Rezeptionsästhetik, Diskursanalyse, Literaturpsychologie u. a.) in den Hintergrund. Wenn auch Stil im Spitzerschen Sinne – das Werk als „Spiegel der Seele des Künstlers“[77] – für die Literatur- und Sprachwissenschaft immer weniger von Bedeutung war, hatte dies doch keineswegs eine grundsätzliche Abkehr von der Beschäftigung mit Stil zur Folge. Vielmehr bildete sich neben der pragmatischen Vorgehensweise (Riesel, Sowjetunion, Ostdeutschland) eine strukturalistische Vorgehensweise (Fucks, Ihwe, Kreuzer, Westdeutschland)[78] heraus, die Vertreter von Sprach- und Literaturwissenschaft gemeinsam verfolgen wollten. Der Stilbegriff, nun gebunden an die Vorstellung vom Text als struktural geformter Einheit, gewann an neuer Aufmerksamkeit. Das Interesse an streng formalisierten Beschreibungen und an Resultaten, die von der Individualität des Forschers unabhängig waren, die Orientierung an „exakten“ Wissenschaften wie Mathematik, Kybernetik, Informationstheorie, Statistik, der Bezug auf quantifizierende Verfahren wurden auf die Text- und Stilbetrachtung übertragen.[79]

76 In diesem Abschnitt orientiere ich mich an meinem Aufsatz Fix (2010).

77 Thoma (1976: 119).

78 Fucks (1953); Ihwe (Hrsg.) (1972/1973); Kreuzer/Gunzenhäuser (1965).

79 Es findet sich in diesem Kontext neben den klassischen Arbeiten der Zeit eine bedeutende in Leipzig verfasste, leider zu wenig bekannte Dissertation: Steube (1966).

Dieses Vorhaben wurde aber nur kurze Zeit – bis Mitte der 70er Jahre – verfolgt. Aus heutiger Sicht kann man es nachvollziehen und durchaus „locker nehmen", dass die Vertreter der Literaturwissenschaft auf Dauer strukturalistische Verfahren nicht übernehmen wollten. Dies geschah allein schon aus ökonomischen Gründen. Die Lektüre strukturalistisch angelegter Arbeiten[80] verlangte ein solch hohes Maß an Zeit und Kraft für die Einarbeitung in Methoden und Terminologie, die sich beide außerdem von Beitrag zu Beitrag erheblich unterscheiden konnten, dass dieser Aufwand im Verhältnis zu dem, was man am Schluss über das vor der Lektüre schon Gewusste oder Erahnte hinaus zusätzlich erfahren konnte, viel zu groß erschien. Kaum jemand – das machen mündliche „Zeitzeugenberichte" von Literaturwissenschaftlern deutlich – wollte sich dem auf Dauer unterziehen, wie ja übrigens auch die Mehrheit der Linguisten nicht.

Hinzu kommt, dass das Zusammengehen die Fragestellungen nicht, wie eigentlich angestrebt, vertiefte, sondern eher verkürzt zu haben schien. Auf der einen Seite konnte man eine Instrumentalisierung der Sprachwissenschaft – und nicht etwa Interdisziplinarität – feststellen, dann nämlich, wenn sie lediglich das Instrumentarium für die Analyse liefern sollte, die Autorität für deren Auswertung jedoch allein bei der Literaturwissenschaft lag.

Auf der anderen Seite bestand die Gefahr, dass die literaturwissenschaftlichen Fragestellungen auf linguistische reduziert werden, wenn sich die mathematisierte Linguistik als Leitwissenschaft versteht und theoretische Vorgaben wie Methoden bestimmt. Ich habe dieses Vorhaben damals mit großem Interesse verfolgt. Mich praktisch zu beteiligen verbot sich angesichts der Verurteilung des Strukturalismus in meinem Umfeld. Immerhin spielten und spielen strukturalistische Verfahren bei der Textanalyse immer eine Rolle. Das ist zum Beispiel der Fall, wenn Ab-

80 Man nehme nur die Beiträge in Heft 1–2 der Zeitschrift *Literaturwissenschaft und Linguistik*.

weichungen untersucht werden. Sie müssen sich ja immer auf etwas „Normales“ beziehen, das nur aus der Analyse der Texteigenschaften in ihrer Bezüglichkeit erschlossen werden kann.

Stil und Funktion

Die Beschäftigung mit Arbeiten zur *Funktionalstilistik* der österreichisch-sowjetischen Sprachwissenschaftlerin Elise Riesel in jener Zeit war in meinen Augen vielversprechend.[81] Riesel verband den Funktionsbezug mit dem Strukturbezug. Sie bot zum einen ein Beispiel dafür, dass man Stil als pragmatisches, funktional bestimmtes und sozial wirksames Phänomen anzusehen habe. Und sie verfolgte zum anderen den strukturalistischen Ansatz, dass sich alles in einer Textganzheit aufeinander bezieht und daher im Zusammenhang gesehen werden muss. Dabei hat sie Erkenntnisse der Prager Schule aufgenommen, wie sie zum Beispiel in den „Thesen des Prager Linguistenkreises“ zum I. Internationalen Slawistenkongress 1929 in Prag, bezogen auf Funktionalität und Strukturalität, veröffentlicht wurden. Auch hat sie sich auf die russische Sprachwissenschaft bezogen, die ebenfalls geprägt war vom Funktionsbegriff. Victor V. Vinogradovs berühmt gewordene Stildefinition, die davon ausgeht, dass Stil immer eine Funktion hat, brachte den schon aus Prag bekannten Funktionsgedanken in die russische Stildiskussion ein. Riesel[82] hat den Stilbegriff, wie ich ihn im Studium kennengelernt habe, entscheidend geprägt. Es bestanden enge Kontakte und inhaltliche Übereinstimmungen zwischen Riesel und den Stilistikern der DDR, vor allem zu Wolfgang Fleischer und Georg Michel.[83] Aber auch in der Bundesrepublik war sie wirksam. Das Pragmatische und das Strukturelle lassen sich an zwei Grundgedanken Riesels erkennen:

81 Riesel (1959; 1964; 1970; 1974); Riesel/Schendels (1975).

82 Riesel (1959; 1964; 1970; 1974); Riesel/Schendels (1975).

83 Fleischer/Michel (1975).

Stil ist Anwendung. Stil wird nicht mehr primär als Erscheinung des Sprachsystems, als „Erscheinungsform der Sprache" selbst betrachtet, sondern als eine Folge der Verwendungsweise bestimmter Mittel, gelenkt durch die jeweils dominierende Funktion.[84] Das ist eine Erkenntnis, der die Stilistik in durchaus verschiedenen Spielarten bis heute gefolgt ist. Die Zeiten einer Stilgrammatik sind damit vorbei. Riesel macht schon in ihrer ersten grundsätzlichen Arbeit zum Stil, der „Stilistik der deutschen Sprache" von 1959, darauf aufmerksam, dass Wörter in Kontexten ganz andere Stilfärbungen bekommen können, als sie sie außerhalb des Kontextes, also im Wörterbuch, haben. Damit hat sie eine Spielart pragmatischer Stilistik entwickelt, die dem Zusammenhang von Funktion und Form eines Textes gerecht wird – eine gute Ausgangssituation auch für die Textlinguistik. Dass die alte Schule angesichts neuer sprachwissenschaftlicher Entwicklungen einer Ablösung bedurfte, zeigt sich wohl auch daran, dass etwa im gleichen Zeitraum die sprechakttheoretisch angelegte pragmatische Stilauffassung von Barbara Sandig[85] entwickelt wurde. Ich fand es höchst anregend, dass sie sich in einem handlungsorientierten, später auch semiotischen Ansatz mit der Form von Texten befasste und dabei zu völlig neuen Erkenntnissen über das gelangte, was Stil eigentlich ausmacht und was er leistet.

Stil ist ein Textphänomen. Weniger im Blick ist der strukturalistische Aspekt der Auffassungen Riesels. Sie betont, dass für die Herausbildung von Stil die Umgebung des einzelnen Stilelements, also der Text, das „letzte Wort" habe. Mit einer solchen Auffassung erst wird man der Tatsache gerecht, dass Texte stilistische Einheiten darstellen, in denen sich alle Elemente gegenseitig bedingen und bestimmen. Stil muss also grundsätzlich aus der Textperspektive und das heißt aus dem Ganzen, das ein Text darstellt, betrachtet werden. Das hat Riesel tatsächlich von Anfang

84 Riesel/Schendels (1975: 15).

85 Sandig (1978; 1986).

an geleistet. Sie hat Texte als stilistische Einheiten vorausgesetzt. Wenn der stilistische Wert eines Elements sich erst im Kontext ergibt, bezieht sich das auf den Zusammenhang innerhalb eines Textes. Also ist der Text die Folie für die Betrachtung von Stil.

Elise Riesel hat mit ihrer Stilauffassung in der DDR und in der Bundesrepublik gewirkt. In einem ganz anderen Kontext als dem der Stilistiken bin ich neulich auf sie gestoßen, nämlich in dem Vortrag „Sprachpurismus und Nationalsozialismus" von Peter von Polenz. Er hat ihn gehalten auf dem berühmt gewordenen Germanistentag von 1966 in München „Germanistik – eine deutsche Wissenschaft". Berühmt ist diese Tagung, weil alle Redner sich dem Zusammenhang zwischen Germanistik und Nationalsozialismus gewidmet haben. Bis dahin hatte eine solche Auseinandersetzung nicht stattgefunden. Nun aber wurde deutlich, dass es eine enge Verstrickung zwischen der Germanistik (Sprach- und Literaturwissenschaft) und dem Nationalsozialismus gegeben hat, sei es durch völkisches Gedankengut, sei es auch durch den sich wissenschaftlich gebenden Sprachpurismus, der alles Fremde ablehnte. Hier setzt Polenz an. Er beleuchtet den ideologiegebundenen Purismus vor allem der ersten Jahre der Herrschaft des Nationalsozialismus. Und er entwickelt dagegen eine Vorstellung vom sachlichen Umgang mit dem Wortgebrauch. Er meint, dass man, anstatt Vorurteile gegen das „Fremde" zu pflegen, der semantischen, stilistischen und sprachsoziologischen Orientierung der Wörter Aufmerksamkeit widmen sollte. Am Schluss seines Vortrags wird er programmatisch. Da heißt es:

> *„Man kann nicht [...] mit den alten Methoden weiterarbeiten. Was wir heute dringend nötig haben, um gegen derartige Gefahren gewappnet zu sein, ist im Bereich der Wissenschaft eine strukturelle Lexikologie und eine linguistisch fundierte Stilistik der nichtliterarischen Sprachschichten."*[86]

86 von Polenz (1967: 160).

Er empfiehlt in Anmerkung 46 für diese grundsätzlich neue Vorgehensweise, speziell „für den Studiengebrauch" – als alleinige Literaturangabe – Arbeiten von Elise Riesel:

> *„Auf diesem Gebiet gibt es für den Studiengebrauch sowjetrussische Handbücher, die* [...] *auch für die deutsche Germanistik nützlich sind: E. Riesel, ‚Stilistik der deutschen Sprache', Moskau 1959 und ‚Der Stil der deutschen Alltagsrede', Moskau 1964."*[87]

Alles, was Polenz fordert, finden wir tatsächlich schon damals bei ihr. Das ist aus meiner Sicht bemerkenswert: Elise Riesel wird, wenn es um den Gebrauch und die Einordnung sprachlicher Mittel geht, als *die* verlässliche Wegweiserin für die deutsche Germanistik angesehen, die gerade dabei ist, sich in ihrem Wissenschaftsverständnis neu zu orientieren. Dass der Appell gewirkt hat, sieht man daran, dass Riesel 1973 auf der Jahrestagung des Instituts für Deutsche Sprache in Mannheim einen Vortrag mit dem Titel „Grundsatzfragen der Funktionalstilistik" gehalten hat. Das Thema der Tagung war „Linguistische Probleme der Textanalyse". Neben Vladimir Admoni, Hans Glinz, Elisabeth Gülich, Siegfried J. Schmidt und anderen hat man also sie zu einem Hauptvortrag eingeladen. Da die Jahrestagungen des Instituts für Deutsche Sprache das größte internationale Treffen der Vertreter der germanistischen Sprachwissenschaft sind, kann man davon ausgehen, dass Riesels Funktionalstilistik damit auch in der internationalen Sprachwissenschaft bekannt geworden ist. Das heißt, jeder sprachwissenschaftlich Interessierte konnte ihre Auffassungen kennen.

87 von Polenz (1967: 164).

Stil und Handeln

In dem Kontext der Leipziger, von Riesel geprägten Stilistik stieß ich gegen Ende der 70er Jahre, eher unvorbereitet, auf die Bücher und Aufsätze von Barbara Sandig. Ihre Gedankengänge und Analysen haben mich damals elektrisiert. Die mit der pragmatischen Wende von Barbara Sandig in der westdeutschen Linguistik nahezu parallel zu Riesel entwickelte Stilauffassung, die pragmatische Stilistik (1978; 1986), kommt von einem sprechakttheoretischen Ansatz aus zu einer Theorie der stilistischen Ausführung von Sprachhandlungen. Stil wird als intentionales und regelhaftes Handeln betrachtet. Im Zusammenhang der Handlung ist es die Funktion von Stil, intersubjektiv sozialen Sinn herzustellen. Stil ist also eine sekundäre Bedeutungsschicht des Textes. Die zunächst stark an Regelhaftem und an Sachtexten orientierte Auffassung wird später erweitert, indem dem Konventionellen das Originalisieren durch Stil, der Regel die Abweichung gegenübergestellt wird. Mit der Vorstellung von Stil als Sinn bietet die pragmatische Stilistik eine Schnittstelle für die Literaturwissenschaft.

Dass jemand sich in einem neuen und stringenten theoretischen Ansatz, einem handlungsorientierten, später auch semiotischen, mit der Form von Texten befasste und dabei zu völlig neuen Erkenntnissen über das gelangte, was Stil eigentlich ausmacht und was er leistet, fand ich höchst beeindruckend und anregend. Den Alltag in die Forschung zu holen und damit auch gesellschaftliche Kritik zu üben – so jedenfalls habe ich zum Beispiel den Aufsatz über Bildzeitungstexte von 1972[88] gelesen – hat mich beeindruckt, zumal in meinem Umfeld ein solches Vorgehen unmöglich war. Die Texte von Barbara Sandig in der DDR zu lesen, war nicht einfach. Man musste Mühe aufwenden, um an sie heranzukommen. Es gab sie nicht im Buchhandel und auch nicht in den Institutsbibliotheken. Wenn man wie ich in Leipzig lebte, hatte man Glück. In der Deutschen Bücherei war,

88 Sandig (1972).

wie schon beschrieben, die in der Bundesrepublik erschienene Literatur fast lückenlos zugänglich. So war es mir möglich, die beiden Stilistiken von Barbara Sandig[89] kurz nach ihrem Erscheinen im Lesesaal der Deutschen Bücherei zu lesen. Ich exzerpierte sie ausgiebig. Das war nötig, weil man die Bücher nicht nur nicht kaufen konnte, sondern weil das Herstellen von Kopien nur sehr beschränkt erlaubt war. So ärgerlich und belastend dieses zeitaufwendige Schreiben war, so viel Nutzen hat mir die höchst genaue und den Umständen entsprechend langsame, Strukturen und Argumentationen herausarbeitende Lektüre gebracht. Die Exzerpte liegen heute noch in meinen Unterlagen. Diese sorgfältige Lektüre im Lesesaal der Deutschen Bücherei war meine erste und entscheidende Begegnung mit Barbara Sandig.

Das Fazit meiner damaligen Lektüre: Während die *Funktionalstilistik* primär funktionsgebunden und abhängig von den Tätigkeitsbereichen ist, bezieht sich die *pragmatische Stilistik*[90] auf Handlungssituationen, einschließlich der damit verbundenen Intentionen. Drei damals völlig neue Grundgedanken, die alle vom Handlungscharakter ausgehen, prägen sie:

1. *Stil ist in Anknüpfung an die Sprechakttheorie als intentionale Handlung zu betrachten.* Stile werden adressatenorientiert und dem Zweck der Äußerung entsprechend eingesetzt. Sie sind intendiert.
2. *Stil ist konventionell.* Das steht im Gegensatz zu traditionellen individualistischen Stilauffassungen. Nur wenn die Konventionen, die Muster stilistischen Handelns allen Beteiligten bekannt sind, kann stilistische Bedeutung vermittelt und verstanden werden.
3. *Stil transportiert Bedeutung.* Über die Form wird eine Sekundärinformation vorrangig sozialer Art vermit-

89 Sandig (1978; 1986).

90 Sandig (1986; 2006).

telt. Das heißt, Stil interessiert nicht als individuelle Ausprägung, sondern als auf typische Ausdrucksweisen bezogene Vermittlung von Bedeutung. Das gilt vor allem für Sachtexte und Äußerungen der Alltagskommunikation. Diese sind – anders als künstlerische Texte – in eine fest umrissene Kommunikationssituation eingebettet, die bei der Produktion des Textes wie bei seiner Rezeption im Blick sein muss.

Stilistik und Semiotik

Sehr früh schon habe ich meinen Stilbegriff vom rein Sprachlichen auf das Semiotische erweitert.[91] Der erste Aufsatz, der diesen Ansatz vorstellt, erschien 1991, der bisher letzte 2020.[92] Als ich Ende der 80er Jahre begann, meinen Stilbegriff mit Blick auf Nichtsprachliches zu überdenken, konnte ich noch nicht unbedingt mit Verständnis rechnen. Nicht jeder wollte es damals akzeptieren, dass eine Wissenschaft, die die sprachlichen Zeichen zum genuinen Gegenstand hat, auch andere Zeichen in ihr Arbeitsfeld aufnimmt, dass also zum Beispiel typografische Elemente, Bilder, Farben, Papiersorten, Flächen, Linien zu berücksichtigen sind, weil sie gemeinsam mit den sprachlichen Zeichen das Sinnangebot des Textes konstituieren.

Damit ein solches Vorgehen möglich wurde, musste sich ein übersprachlicher, semiotischer Zeichenbegriff durchsetzen, Texte mussten in der Folge als Konstrukte aus Zeichen verschiedener Art betrachtet werden, die gemeinsam Sinn anbieten. Es verbot sich nun, einen Kode – eben den sprachlichen – herauszulösen und isoliert zu betrachten. Ein solches Vorgehen würde das gemeinsam hergestellte Sinnangebot zerstören.

91 Fix (1991; 1992; 1996a; 2001; 2008b).

92 Fix (2020b).

Wie ist diese entscheidende Erweiterung des Textbegriffs vor sich gegangen? Für eine Antwort darauf ist es zunächst hilfreich, daran zu erinnern, dass die Perspektive auf das Nichtsprachliche an Texten ja eigentlich alles andere als neu ist. Die Praktiker, so die Schreiber in den mittelalterlichen Klöstern, die Buchgestalter und Typographen vom Beginn des Buchdrucks an bis heute und die Werbefachleute haben das immer schon gewusst. Sie handelten und handeln bei der Wahl ihrer Schrift und der Gestaltung ihrer Layouts demzufolge danach. In der wissenschaftlichen Welt ist es in der zweiten Hälfte des 20. Jahrhunderts zunächst die Semiotik, die sich diesem Problem als ihrem genuinen Thema zuwandte, wegweisend war unter anderem Posners Aufsatz von 1991: „Kultur als Zeichensystem“[93]. Auch in den Kulturwissenschaften ist das Nichtsprachliche der Texte längst ein Thema. Der interdisziplinäre Band „Materialität der Kommunikation“[94], herausgegeben 1988 von Gumbrecht und Pfeiffer, war ein fulminanter Start.

Wann aber setzte das Interesse der (germanistischen) Linguistik ein und wie wird das Phänomen, dass Texte Materialität aufweisen, dass sie medial vermittelt werden und „ortsgebunden“ sind, theoretisch durchdacht und systematisch erörtert? Den Grundstein legte aus meiner Sicht die Semiotische Stilistik.[95] Sie hat die Form als konstitutives Element frühzeitig einbezogen. Ihr Anliegen ist später in eine erweiterte Textlinguistik eingegangen. Die Grundidee ist, kurz gesagt: Die materiellen, medialen und lokalen Zeichen sind nicht nur Bedingung für Wahrnehmbarkeit, sondern zugleich auf einer zweiten Ebene auch Bedeutungsträger. In der mit Textverbünden arbeitenden Diskurslinguistik sind nichtsprachliche Zeichen mittlerweile ebenfalls zum Bestandteil des Analyserasters geworden (z. B. Typographie, Schrift).

93 Posner (1991).

94 Gumbrecht/Pfeiffer (1988).

95 Fix (2001); Sandig (2006).

Stil und Kulturalität

Ausgeprägt kulturbezogen orientiert ist der strukturalistisch-semiotische Ansatz, wie ihn Mukařovský[96] und Lotman[97] vertreten. Sie betrachten Kultur als hierarchisch organisiertes System von Zeichen, an die kulturelle Bedeutung und sozialer Wert gebunden sind. Die Sprachgestalt eines Textes hat also kulturelle Bedeutung. Wie kommt es zu dieser Leistung von Stil? Da Texte aus Formen, Wörtern und Wendungen bestehen, die als Handwerkszeug des Menschen Ausdruck seiner Kultur sind, ist die Sprachgestalt eines Textes notwendigerweise kulturell geprägt. Was in die Textoberfläche „einwandert", seien es die genannten Formen, Wörter, Wendungen, seien es Bilder, Farben, Typographien, bringt kulturelle Bedeutungen mit und gehört zur kulturellen Ganzheit des Textes. An der konkreten Umsetzung eines Stils haben immer kulturelle Prägungen ihren Anteil.

So ist der Text nicht auf rein Sprachliches reduzierbar, sondern sprachliche Äußerungen müssen nach ihrer besonderen kulturellen Signifikanz, die sie in den Text einbringen, betrachtet werden. Erst durch sie werden sprachliche Äußerungen zum Text. Der Ansatz lebt fort in Stilistiken, die von der Zeichenhaftigkeit des Stils ausgehen[98] und die Stil als eine sekundäre, über die Form konstituierte Bedeutungsebene des Textes betrachten. Sie knüpfen an die Traditionen des russischen Formalismus und der Prager Schule an.

Sprachstil und Denkstil

Im Zusammenhang mit dem Interesse an der wahrnehmungsorientierten und wirklichkeitskonstituierenden Funktion von Sprache hat die Kategorie des ‚Denkstils' als Denk- und Sprachgebrauchsform zunehmend Aufmerksamkeit gewonnen. Es geht um

---

96 Mukařovský (1967; 1970).

97 Lotman (1990).

98 Lerchner (1984); Fix (2001); Sandig (2006).

die Überlegungen des Mediziners und Wissenschaftstheoretikers Ludwik Fleck (1896–1961).[99] Dessen zentrale Hypothese ist, dass „Denkkollektive", also zeittypische soziale Gruppen, spezifische kultur-kognitive „Denkstile" ausbilden, in deren begrifflichem wie fachlichem Rahmen spezifisches Wissen überhaupt erst hervorgebracht wird. Nach Fleck wird in Denkstilen kollektives Wissen nicht nur erzeugt und weitergegeben, sondern – notwendigerweise – sprachlich-kommunikativ manifestiert. Diese Stile sind zeittypisch und kulturell-sozial geprägt – als Denk- und Sprachformen, über die Kollektive in einer bestimmten Zeit verfügen und die sie auch verändern können. Es ist also interessant, deren Entwicklung zu beobachten, erfasst man doch damit die Veränderung sozialer, kultureller und politischer Umstände. Zu den Manifestationsformen der Stile gehören neben Termini, Fachwortschatz und anderen fachsprachlichen Ausdrucksmitteln wie Syntagmen und Formeln, neben spezifischen Argumentationsstilen, Textsorten und Diskursformationen auch Mittel der Anschaulichkeit, zu denen bestimmte Topoi, Vergleiche, Metaphern und andere Mittel der Bildlichkeit zählen. ‚Gestalt', ‚Bild' und ‚Anschauung' sind zentrale Kategorien in Flecks Gedankengebäude. Es ist zwar keine Frage, dass Fleck, wenn er von ‚Denkstil' spricht, nicht primär an der Gestalt der Sprache, sondern an der Gestaltung des Denkens interessiert ist, aber er fordert mit seiner Theorie auch das Nachdenken über den sprachlichen Anteil an der Gestaltung des Denkens heraus. Mit der Frage, wie dem Denken Gestalt gegeben wird, ist man nun unweigerlich bei Sprache und Sprachstil angekommen. Handlungstheoretisch angelegte Stiltheorien gehen davon aus, dass die Gestalt, also Stil Sinn vermittelt (s. o. Sandig). Hier treffen sich Überlegungen zum Denk- und zum Sprachstil.

Was bei der Zusammenführung der beiden Gestaltvorstellungen – Denkstil und Sprachstil – nun unweigerlich in den Blick

99 Fleck (1980).

rückt, ist natürlich das Verhältnis von Sprache und Denken. Wie gestaltet sich beim Finden, Konturieren und Formulieren von Wissensgegenständen das Zusammenwirken von Gedankenentwicklung und sprachlicher Darbietung der Gedanken? Beides greift ineinander, beides ist Gestaltung. Die „sprachliche Verständigung“ ist eine „unabdingbare Dimension der Verfertigung der Gedanken“.[100] Mit dieser Formulierung spielt Fehr an auf Kleists Essay „Über die allmähliche Verfertigung der Gedanken beim Reden“. Beim Sprechen über eine Idee, von der man erst eine dunkle Vorstellung hat, „prägt das Gemüt“, sagt Kleist[101], „während die Rede fortschreitet“, die Idee „zur völligen Deutlichkeit“ aus. „Die Sprache ist alsdann keine Fessel, etwa wie ein Hemmschuh an dem Rade des Geistes“, so Kleist, „sondern wie ein zweites mit ihm parallel fortlaufendes Rad an seiner Achse“.[102] Dieses Ineinandergreifen von Denk- und Sprachstil ist mittlerweile zum Gegenstand linguistischer Forschung geworden. Aus der Arbeit einer Forschungsgruppe von Jürgen Schiewe und Christiane Andersen, an der ich beteiligt war, ist ein Sammelband zum Thema des Denkstils in der deutschen Sprachwissenschaft erschienen, der auch künftige Forschungsfragen aufzeigt.[103]

Erweiterung des Textbegriffs

Die Textlinguistik hat sich zu einer zentralen Disziplin der Linguistik entwickelt, die Texte sowohl theoretisch als auch praxisbezogen betrachtet. Nachdem in einer ersten Etappe (der Gründungsphase) Fragen der Textualität (Kohäsion, Kohärenz, Intentionalität, Situationalität) geklärt worden waren, bemüh-

100 Fehr (2005: 27).

101 Kleist (1978: 454).

102 Kleist (1978: 457).

103 Andersen/Fix/Schiewe (2018).

te man sich in einem bis heute andauernden Prozess um das Erfassen der Typik von Texten, das heißt um die musterhaften Ausprägungen des Phänomens Text, die eine Sprach- und Kulturgemeinschaft im gemeinsamen Handeln entwickelt hat, also um die Bestimmung von Textsorten. Die Frage, was eigentlich ein Text sei, wird ergänzt durch die zweite grundlegende Frage, nämlich die nach der Typisierung. Texte existieren ja nicht als Gesamtphänomen – dies ist nur ein gedankliches Konstrukt –, sondern als Menge realer Textexemplare, die sich in wesentlichen Merkmalen gleichen, nämlich in denen, die sie zum Text machen. Sie unterscheiden sich aber auch, nämlich in Merkmalen, die sie Textsorten zuordnen. Man kann demzufolge reale Texte in der Form ihres Vorkommens und als Ausprägung einer Textsorte untersuchen. Im Laufe der Zeit verlagerte sich daher der Schwerpunkt der Textlinguistik auf das Phänomen der Textsorte. Bemühungen um die Bestimmung von Textsorten wurden zu einem zentralen textlinguistischen Gegenstand. Dabei wurde deutlich, dass man den Textbegriff erheblich erweitern muss. Man machte sich bewusst, dass Texte über das Sprachliche hinaus kulturelle Phänomene sind, dass folglich eine übersprachliche Betrachtung nötig ist. Über die Tatsache hinaus, dass Textsorten überhaupt existieren, ist eben von Belang, dass sie kulturspezifisch geprägt sind. Sie sind, wie andere Routinen des Handelns auch, als Übereinkünfte innerhalb ihrer Kulturgemeinschaft anzusehen. Welche Textsorten einer Gemeinschaft zur Verfügung stehen und welche nicht und wie die vorhandenen beschaffen sind, ist Ausdruck ihrer speziellen Kultur. Ohne sie könnten wir nicht gemeinschaftlich handeln.

> Wie gingen wir zum Beispiel mit Trauer um, wenn es nicht verschiedene Arten von Texten gäbe, die seelische Entlastung und soziale Kontakte ermöglichen? Wie z. B. Beileidsbekundungen, Kondolenzschreiben, Nachrufe, Trauerbriefe. Solche Texte dienen der mental-reflexiven

emotiven Bewältigung von Lebenssituationen. Auf eine andere Weise und zum Ausdruck vieler verschiedenartiger Gefühle leisten dies z. B. auch literarische und religiöse Texte.

Wie kämen wir zu wissenschaftlichen Erkenntnissen und dem Austausch darüber, wenn wir nicht Textmuster mit ihren Gestaltungs- und Verbreitungsformen hätten wie z. B. den wissenschaftlichen Zeitschriftenaufsatz, die Thesen zu einer wissenschaftlichen Arbeit, das Abstract, die Monographie, die Disputation – alles Textsorten, die der mental-reflexiven rationalen Auseinandersetzung mit der Wirklichkeit dienen?

Wie lösten wir praktische Lebensprobleme ohne Textsorten? Wie könnte man sich viele Gäste ins Haus einladen, wenn es nicht den Einladungsbrief, die Mailing-List oder SMS-Nachrichten gäbe? Wie montierten wir ein Möbelstück ohne Montageanleitung und wie kann man, wenn man krank ist, zu Hause bleiben ohne Arbeitsunfähigkeitsbescheinigung/Krankenschein? So verschieden diese Textsorten sind, alle dienen sie einem praktisch ordnenden Zugriff, der Lösung alltagspraktischer Lebensprobleme.

In dem Zusammenhang wurde auch klar, dass Textsorten nicht allein durch ihre sprachlichen Merkmale bestimmt sind, sondern dass sie als semiotische Zeichengebilde, als Elemente des kommunikativen Handelns und als kulturelle Routinen betrachtet werden müssen. Akzeptiert man dies, hat man Texte als Gegenstand einer kulturwissenschaftlich orientierten Sprachwissenschaft einzuordnen, die über die innersprachlichen Gegebenheiten hinausblickt und damit von vornherein auf einen interdisziplinären Ansatz angelegt ist. Dafür ein Beispiel: Das Wissen über Texte und Textsorten ist über die Sprachwissenschaft hinaus für alle

„Textfächer“ von Bedeutung, das heißt für Wissenschaften, die Texte zum Erkenntnisgegenstand haben oder Texte als Erkenntnisinstrumente nutzen (z. B. Theologie, Geschichtswissenschaft, Literaturwissenschaft, Medienwissenschaft).

Aus meiner Sicht stellt sich im Rahmen der kulturorientierten und daher überdisziplinären Betrachtung von Texten die Frage nach einer Disziplin, die den „Textdisziplinen“ Grundlagenwissen liefert, also nach einer „Querschnittsdisziplin“. Gemeint ist eine Disziplin, die sich mit textbezogenen Kategorien und Wissenselementen befasst, die nicht disziplinenspezifisch sind, sondern quer durch mehrere Disziplinen Bedeutung haben. Das heißt, dass diese Kategorien – in unserem Fall handelt es sich vor allem um die Begriffsfelder ‚Text‘, ‚Textsorte‘ und ‚Textmuster‘ – auf einer hohen Abstraktionsebene angesiedelt sein müssen. Diese bietet die Textlinguistik, weil sie noch nicht zwingend gegenstands- oder einzelsprachgebunden vorgehen muss, sondern auf einer allgemeinen Ebene agieren kann. Sie könnte eine von allen „Textfächern“ verwendbare allgemeine Terminologie sowie Analyse- und Vergleichsmethoden für die Beschäftigung mit Texten liefern. Auf dieser Basis wäre es auch möglich, transdisziplinär zu erfassen, wie Muster sprachlich-kommunikativen Handelns in den verschiedenen Textfächern und in verschiedenen Kulturen aussehen und wie man sie beschreiben könnte, das heißt, man könnte sich überdisziplinär über Textsorten bzw. Gattungen verständigen. Ich hätte mir gewünscht, eine solche Zusammenarbeit mit „Textfächern“ noch mehr vorantreiben zu können.

Der Herbst 1989. Aus Stagnation wird Erneuerung – Gastprofessur, Kommissionsarbeit, neue Formen der universitären Kommunikation

Den Herbst 1989 haben wir, mein Mann und ich, als Befreiung erlebt – wohl mit Angst, als die Stadt am 9. Oktober voller Polizei und Militär war, und mit Sorge angesichts all der Gerüchte, die man von in Bereitschaft versetzten Krankenhäusern und Lagern gehört hatte, aber vor allem mit der Hoffnung, dass es endlich eine Änderung geben würde. Es war deutlich für uns, dass die Situation kulminierte. Dass es so wie geschehen abläuft, haben wir nicht zu hoffen gewagt.

Am 9. Oktober waren alle Hochschullehrer aufgefordert worden, in den Vorlesungen vor der Teilnahme an den Montagsdemonstrationen zu warnen, das heißt den Studenten zu sagen: „Geht da nicht hin. Es kann geschossen werden." Ich bin dem nicht gefolgt, sondern habe bewusst die Kirchen, vor deren Besuch ich warnen sollte und deren Veranstaltungen ja nirgends öffentlich bekannt gemacht werden konnten, gleichsam als Einladung einzeln genannt und vermittelt: „Macht euch klar, was euch passieren kann, wenn ihr hingeht, und seid darauf vorbereitet." Zwischen den Zeilen hieß das: „Aber geht dorthin".

Auf den Montagsdemonstrationen hat unser älterer Sohn die dort getragenen, gesprochenen und gesungenen Sprüche notiert, was einigen Mut erforderte. Sein Notieren konnte ja auch missverstanden werden. Es kam eine relativ vollständige Dokumentation der Demo-Sprüche zusammen, zu denen ich später auch Arbeiten geschrieben habe.[104] Der Sprung von den vom ZK der

104 Der erste Beitrag zu dem Thema war Fix (1990a).

SED vorgegebenen Losungen, die im „Neuen Deutschland“ veröffentlicht wurden, zu den selbst gefundenen kreativen, sprachspielerischen, witzigen Äußerungen des Individuums, das nun endlich zur Sprache kommen konnte, hat mich sehr interessiert. Danach habe ich viele typische DDR-Texte, Texte des Ministeriums für Staatssicherheit, institutionelle Texte, Pressetexte, Schultexte, Losungen und Slogans linguistisch analysiert und so meine Kritik am System in meinem Fachgebiet aufgearbeitet.[105]

Im Sommersemester 1990 nahm ich eine Gastprofessur für Deutsch als Fremdsprache in Saarbrücken wahr. Barbara Sandig hatte mich schon auf der Tagung des 14. Internationalen Linguistenkongresses in (Ost-)Berlin 1987, wo wir uns zum ersten Mal persönlich begegnet waren, dazu eingeladen. Ob ich der Einladung würde folgen dürfen, war damals offen. Unter den geänderten Umständen konnte ich nun tatsächlich nach Saarbrücken fahren. Eine staatliche Genehmigung war nicht mehr nötig. Die Arbeit in Saarbrücken war das Beste, was mir in der Nachwendesituation passieren konnte. Ich hatte Gelegenheit, das mir bis dahin fremde Universitätssystem der Bundesrepublik kennenzulernen, mich in der anders angelegten Lehre praktisch auszuprobieren und mich sogar – gleichsam als Übung – um eine in Saarbrücken ausgeschriebene Professorenstelle zu bewerben. In einer Art Crash-Kurs machte ich mich, freundschaftlich unterstützt und ermutigt von den Saarbrücker Kollegen Barbara Sandig und Gerd Antos, vertraut mit den neuen Gepflogenheiten, die ja nun auch meine Arbeit bestimmen würden.

Durch den Aufenthalt in Saarbrücken hatte ich die erste Hälfte des Nachwendejahres in Leipzig verpasst. So fehlte mir nach der Rückkehr ein Stück eigenes Erleben dessen, was sich damals auch an der Universität Leipzig vollzogen hat. Ich habe mich sofort mit vollem Einsatz in die Erneuerungsarbeit eingebracht und sehr viel Zeit auf die Mitarbeit in Besetzungs- und Strukturkommis-

105 Die wichtigsten dieser Beiträge finden sich in Fix (2014).

sionen verwendet. Die meiste Zeit widmete ich der Arbeit der Personalkommission. Die vom sächsischen Wissenschaftsministerium eingerichteten „Personalkommissionen" hatten die im Sächsischen Hochschulerneuerungsgesetz (SHEG) formulierte Aufgabe, alle an sächsischen Universitäten und Hochschulen Beschäftigten daraufhin zu überprüfen, ob sie für eine Tätigkeit im öffentlichen Dienst geeignet sind. Die Eignung wurde am Verhältnis der Person zu den Grundsätzen der Menschlichkeit und Rechtlichkeit gemessen, wie sie in der „Allgemeinen Erklärung der Menschenrechte" vom 10.12.1948 festgehalten sind. Die Tätigkeit für das Ministerium für Staatssicherheit wurde nach dem Hochschulerneuerungsgesetz als ein Verstoß gegen die Menschenrechte bewertet. In einem klar geregelten Verfahren[106] wurden an den Minister Empfehlungen gerichtet, die darauf hinausliefen, die betreffende Person in ihrem Amt zu lassen oder sie von ihrer bisherigen, möglicherweise hervorgehobenen Stelle in der vordersten Reihe zurückzunehmen. Die Entscheidung lag also nicht bei der Personalkommission, sondern beim Minister. Als mich der Dekan Gotthard Lerchner bat, dort mitzuarbeiten, machte er deutlich, dass es ein belastendes Amt sein würde. Ich habe zugesagt, weil man, wenn man mit dem System der DDR unzufrieden war, sich auch an dessen Aufarbeitung beteiligen sollte. Ich habe nicht daran gezweifelt, dass ich Tatsachen erfahren würde, die mir moralisch zu schaffen machen würden, und dass ich auch Anfeindungen ausgesetzt sein würde. So war es dann auch.

Durch diese Arbeit habe ich viel für meine Person und für meine Sicht auf die Vergangenheit gelernt. Es wurde vor allem deutlich, dass das System der DDR zu Ende gehen musste. Ein System, das seine Mitglieder entmündigt, kontrolliert, korrumpiert und in Angst versetzt und sie dadurch dazu bringt, Dinge zu tun, die ihnen ihr eigenes Gewissen eigentlich verbot, ja das sogar durch gezielte Maßnahmen Familien zerstört und Menschen in

106 Eine genaue Beschreibung des Verfahrens findet sich in Fix (2014: 167–179).

den Selbstmord getrieben hat, hat keine Daseinsberechtigung. Vor allem habe ich gelernt, wie wichtig es ist, immer den einzelnen Menschen in seiner konkreten Situation zu betrachten, um ihm gerecht zu werden.

Nach der „Wende“ beeilte sich die Sektion (Fakultät) Marxismus/Leninismus, die für das Philosophiestudium und die obligatorische philosophische Ausbildung aller Studenten zuständig war und die jegliche „bürgerliche“ philosophische Richtung nicht nur ausklammerte, sondern als feindliches Denken strikt verwarf, in der Universitätszeitung ein Angebot für ein *Studium generale* zur europäischen Philosophie zu machen. Bisher verschwiegene, ja verteufelte Namen wie Bloch, Habermas, Foucault wurden plötzlich zum Lehrangebot. Das war ein Affront gegen alle, die unter der von derselben Institution verordneten Philosophie-Abstinenz gelitten hatten. Die Folge war, dass die Ägyptologin Elke Blumenthal ein *Studium universale*, getragen von Vertretern mehrerer Fakultäten, zu denen auch ich gehörte, ins Leben rief. Zum *Studium generale* der Sektion Marxismus/Leninismus kam es nicht. Elke Blumenthal ist es dann tatsächlich gelungen, eine Institution zu schaffen, die das erfüllt, was man von einem *Studium universale* erwartet, und die bis heute lebt und blüht. Es war, als hätte sich das Tor, das nach Mayers Weggang geschlossen worden war, wieder geöffnet. Der größte Hörsaal war wieder überfüllt. Als Referenten kamen nach Leipzig Aleida und Jan Assmann, Walter Jens, Hans-Dietrich Genscher, Avi Primor und viele andere. Auch Linguisten waren dabei – als einer der ersten sprach Manfred Bierwisch, dann Rudi Keller, Josef Kopperschmidt, Uwe Pörksen und andere. Dass das Thema der Macht und Befreiung durch Sprache einen großen Anteil am Programm hatte, lag nahe. Dafür habe ich mich viele Jahre eingesetzt. In den ersten Jahren fand das *Studium universale* als Ringveranstaltung mit den Universitäten Jena und Tübingen statt.

An der seit 1999 an der Thomaskirche in Leipzig[107] praktizierten „Universitätsvesper" – wahrscheinlich der einzigen ihrer Art – habe ich mich viele Jahre beteiligt. Die Idee war „eine liturgisch freie, musikalisch anspruchsvolle Gottesdienstform" zu ermöglichen, „in der während der Semestermonate Theologen als Liturgen, aber nicht als Referenten beteiligt sein und christliche Professoren anderer Fakultäten im Sinne der *universitas litterarum* zu Worte kommen sollten".[108] Die Herausforderung, zu prüfen, was es im eigenen Fach auf dem Fundament christlicher Überzeugung zu moralisch-ethischen Themen zu sagen gibt, und sich dazu in kurzer Form zu äußern, habe ich gern angenommen. Ich fand es aus textlinguistischer Sicht interessant, dass da eine eigene Textsorte entstanden ist: die „Vesperrede"[109], in der wissenschaftliche Themen für den Nichtfachmann verständlich, in knapper Form aus christlicher Perspektive erörtert werden. Themen, zu denen ich gesprochen habe, waren unter anderem „Sprechen über andere – Sprechen mit anderen", „‚Fürchtet Euch nicht' oder ‚Habt keine Angst'? – sakrale Sprache oder heutiges Deutsch?", „Namen sind Schall und Rauch?", „Denkfiguren und Sprachbilder – Wegweiser (und Irreführer?) unseres Denkens", „Sprachbiographien. Wie Sprache und Sprechen ein Leben prägen können".

107 Später im neuerbauten, an die gesprengte Universitätskirche erinnernden „Paulinum".

108 Blumenthal (2019).

109 Vgl. dazu: Blumenthal (2019: 14).

Aus Büchern werden Kolleginnen und Kollegen

Die ersten Jahre nach der politischen Wende brachten es als ganz besonderes Erlebnis mit sich, dass Bücher, die mir sehr wichtig waren, plötzlich zu Menschen wurden. Ich begegnete den Autorinnen und Autoren persönlich, die mir längst durch die Lektüre ihrer Bücher vertraut waren, mit denen zu sprechen aber nicht möglich gewesen war. Bis dahin existierten sie nur durch die Inhalte ihrer Bücher in meinem Kopf: Johannes Erben mit seiner „Deutschen Grammatik“, Hans Wellmann mit der „Deutschen Wortbildung“, Barbara Sandig mit der „Stilistik der deutschen Sprache“, Gerd Antos mit den „Grundlagen einer Theorie des Formulierens“, Eva Neuland mit „Stil, Stilistik, Stilisierung“, Els Oksaar mit ihrer „Kulturemtheorie“, Anne Betten mit Arbeiten zu Gesprächsstilen und zur Prosasyntax, Johannes Anderegg mit seiner „Literaturwissenschaftlichen Stiltheorie“ und viele andere.

Einladungen zu Vorträgen boten Gelegenheit, die Menschen hinter den Büchern kennenzulernen. Den ersten Vortrag hielt ich in Trier bei Peter von Polenz, dessen einbändige „Geschichte der deutschen Sprache“ mir ein fester Begriff war. Ich lernte dort Ulrich Püschel und Werner Holly mit ihrem Projekt „Medienrezeption als Aneignung“ kennen. Bekannt war mir Püschel bereits durch seine Arbeiten zur Stilistik, Holly durch sein Buch „Politikersprache“ und durch verwandte Aufsätze. Pörksens Arbeit „Deutsche Naturwissenschaftssprache“ hatte ich durch die Vermittlung eines gemeinsamen Freundes, des Lyrikers Wulf Kirsten, bereits vor 1989 in den Händen und wir, Pörksen und ich, hatten uns im Briefwechsel dazu ausgetauscht. Nun lernte ich ihn wie viele andere durch Lektüre vertraute Kollegen in Freiburg persönlich kennen, so auch Hugo Steger, den ich als einen Initiator der Textlinguistik kannte und bewunderte, und Hans Martin Gauger, dem ich mich in seinem Bemühen, die Grenze zwischen Sprach- und Literaturwissenschaft zu überwinden, verwandt fühlte. In Saarbrücken waren es Barbara Sandig und Gerd Antos, mit denen ich nun endlich ins Gespräch kommen und wissenschaftliche wie freundschaftliche Beziehungen knüpfen konnte, die bei Barbara Sandig viele Jahre, bis zu ihrem Tod, andauerten und die bei Gerd Antos bis heute bestehen. Ihm vor allem verdanke ich den reibungslosen Einstieg in die für mich neue Wissenschaftlergemeinschaft, zum Beispiel durch seine Ermunterung, sofort, das heißt 1990, in die „Gesellschaft für Angewandte Linguistik" einzutreten und auch gleich einen Vortrag anzumelden, und durch sein Angebot, mich an seinem DFG-Projekt „Fremdheit in der Muttersprache" zu beteiligen. In dem Zusammenhang muss auch erwähnt werden, mit welcher Offenheit und Freude wir „ostdeutschen" Kollegen auf der ersten gemeinsamen Jahrestagung der Gesellschaft für Angewandte Linguistik und der des Instituts für Deutsche Sprache willkommen geheißen wurden.

In den Vorträgen dieser ersten Jahre entwickelte ich vor allem meine Vorstellungen zur Ritualität im Sprachgebrauch der Politik und im Alltag,[110] zu einer neuen Stilauffassung, die Stil als semiotisches Phänomen betrachtet,[111] zur Musterhaftigkeit von Texten und zu den „Einfachen Formen", also zu „kleinen" Textsorten.[112] In Saarbrücken ging es mir, im Zusammenhang mit der Professur für Deutsch als Fremdsprache, um die Kulturspezifik von Textsorten,[113] ein Thema, dem ich mich später ausführlich gewidmet habe, so zum Beispiel auch in der zusammen mit Josef Klein und später mit Stefan Habscheid viele Jahre geleiteten Sektion der Gesellschaft für angewandte Linguistik (GAL) „Textlinguistik und Stilistik".

110 Fix (1998; 2014).

111 Fix (2007b).

112 Fix (^{2}2011).

113 Fix (2001c).

Die Kongresse der Internationalen Vereinigung für Germanistik, die in dieser Zeit in Vancouver, Wien, Paris und Warschau stattfanden, boten Gelegenheiten, internationale Kontakte aufzubauen und Vorträge zu halten.

Wissenschaft und Verantwortung

Gelegentlich werden skeptische Fragen an die Geisteswissenschaften, speziell an die Sprachwissenschaft, gestellt. So kann man von Naturwissenschaftlern Fragen nach der *Daseinsberechtigung der Geisteswissenschaften* hören. Ein Beispiel: In einem Gremium fragte ein Physiker seine Kollegen Sprachwissenschaftler, wie ihr Fach sich als Wissenschaft bezeichnen könne, zur Wissenschaft gehöre eine Disziplin ja nur dann, wenn ihr Gegenstand mit Zahlen erfassbar sei. Fazit: Die Sprachwissenschaft dürfe sich also nicht als Wissenschaft verstehen. Auch die Korpuslinguistik, in der mathematisch-strukturell gearbeitet wird, hätte den Zweifler wohl nicht überzeugt. Fragen aus der gesellschaftlichen Praxis lauten: *Was trägt die Sprachwissenschaft eigentlich zum Leben der Gesellschaft bei? Treibt sie nicht Glasperlenspiele? Wo nutzt sie uns?* Die so fragen, sehen also nicht, was das Treiben der Sprachwissenschaftler ihnen an Nutzen bringen kann.

Skeptische Fragen gibt es auch innerhalb des Faches. So werden von den mathematisch-naturwissenschaftlich orientierten Linguisten Zweifel an der Berechtigung des Praxisbezugs der angewandten Sprachwissenschaft geäußert, wie z. B. *Überschreitet die Sprachwissenschaft, wenn sie sich mit einem anderen Fach zusammentut, nicht anmaßend die Grenzen ihres Faches?* Die Beziehungen zwischen Sprache und Medizin, zwischen Sprache und Politik oder zwischen Sprache und Migration zum Beispiel – mittlerweile etablierte Gegenstände der angewandten Linguistik – sind in ihren Augen, da sie sich nicht ausschließlich auf Sprache beziehen, keine genuinen Objekte sprachwissenschaftlicher Betrachtung.

Die Frage nach dem Selbstverständnis, nach dem Nutzen und der Verantwortung der Geisteswissenschaften, also auch der Sprachwissenschaft, bedarf nach wie vor einer wissenschaftstheoretischen und ethischen Auseinandersetzung. Es muss darüber debattiert werden, wie die Geisteswissenschaften die Brücke in die gesellschaftliche Wirklichkeit schlagen, wie sie ethisch Stellung beziehen können, wie sie, deren gesellschaftliche Nützlichkeit immer wieder angezweifelt wird, der Gesellschaft doch von Nutzen sein können. Nach meinem Überblick bilden diese Fragen in Studienplänen eine zu geringe Rolle. Ich bin bei meiner Recherche in Vorlesungsverzeichnissen, Seminarplänen, Projektvorstellungen, soweit sie mir zugänglich waren, kaum auf Angebote gestoßen, die die ethischen Verpflichtungen das Faches zum Programm machen. Eine Ausnahme bildet für mich das Angebot des Studienganges „Ethik der Textkulturen" an den Universitäten Augsburg und Erlangen-Nürnberg. Dieser Studiengang führt Literatur- und Sprachwissenschaften, Kulturgeschichte, Theologie und Philosophie zusammen, um „die vielfältigen Verschränkungen von Ethik, Textualität und Kultur in Vergangenheit und Gegenwart, Theorie und Lebenswelt" zu reflektieren.[114] Ich bin dankbar dafür, dass ich von Christine Lubkoll punktuell in diese Arbeit einbezogen worden bin.

Die Frage der Geisteswissenschaftler nach ihren Möglichkeiten und Verpflichtungen *Was sollen wir tun? Wozu sind wir aus ethischen Gründen verpflichtet?* hat mich immer beschäftigt. Ich wurde zunehmend sicherer in meiner Auffassung, dass Geisteswissenschaftler eine gesellschaftliche Verantwortung wahrzunehmen haben und dass sie dazu von ihren theoretischen und methodischen Ansätzen her auch in der Lage sind. Das zeigen die vielfältigen Arbeiten von Vertretern der angewandten Sprachwissenschaft deutlich. Und das zeigt auch die Alltagserfahrung. Es ist in allen Lebensbereichen – besonders aber im politischen – von Relevanz zu verstehen, was man mit Sprache bewirken kann. Meine Überlegung dazu: Wir sollten der Öffentlichkeit zeigen, dass der häufig verkannte und unterschätzte Gegenstand ‚Sprache' – in

114 *https://www.ethik-der-textkulturen.de/.*

öffentlicher Rede oft banalisiert und formelhaft, in Bestrebungen um *political correctness* enthistorisiert und kulturell verarmend – historische Tiefe, kulturelle Dimension, politische Relevanz hat und dass die Betrachtung von Sprache und Sprachgebrauch ein Mittel ist, uns über uns selbst aufzuklären und so Orientierung für uns zu gewinnen. Was wir zu tun vermögen, lässt sich mit dem Philosophen Jens Kulenkampff sagen:

> „[Die Geisteswissenschaften] *haben das Feld kultureller Erscheinungen zu erschließen, indem sie es gedanklich erfassen und dadurch für ihre jeweilige Zeit zu Bewusstsein bringen und im Bewusstsein ihrer Zeit halten. Vom Heute auf das Gestern und vom Gestern auf das Heute zu reflektieren, ist ihr immer erneutes Geschäft.*“[115]

Es geht Kulenkampff also um Kultur, ihr Erinnern und ihr Gegenwärtig-Halten. Wie können wir als Sprachwissenschaftler damit umgehen? Sprache ist nichts unabhängig von uns Existierendes. Vielmehr bringen wir als Mitglieder einer Gemeinschaft unsere Sprache im Gebrauch gemeinsam hervor und verändern sie, immer in Bezug auf unsere Lebenspraxis.[116] Die wie auch immer gestaltete Sprache lässt sich gebrauchen und missbrauchen. Das erlegt uns Verantwortung auf. Das Interesse der Öffentlichkeit an Sprache erwacht nach meiner Beobachtung gerade dann, wenn man sprachliche Phänomene nicht um ihrer selbst willen, sondern in ihrer Bedeutung für menschliches Handeln und Befinden und als Hervorbringung dieses Handelns untersucht.

In der Praxis wird die Frage nach der Berechtigung und Notwendigkeit einer auf gesellschaftliche Verpflichtung bezogenen

115 Kulenkampff (2003: 474).

116 Nach Bausinger (1980: 59 f.) ist „Kultur […] nicht nur eine Vorgegebenheit, sondern auch das Ergebnis von gesellschaftlichen Akten eines jeden Einzelnen, die ihrerseits kulturbestimmt sind“.

Sprachwissenschaft, wenn auch aus meiner Sicht theoretisch kaum eine Auseinandersetzung dazu stattfindet, mit einem deutlichen Ja beantwortet. Das zeigt die Durchsetzung des großen Forschungsbereichs der angewandten Sprachwissenschaft. Auf der Website der „Gesellschaft für angewandte Sprachwissenschaft" heißt es dazu:

> *„Das Konzept der Angewandten Linguistik, wie es seit längerer Zeit im deutschsprachigen und nun zunehmend auch im internationalen Raum verstanden wird, umfasst alle Aspekte der Forschung, der Bildung und Ausbildung, die sich mit der Analyse und Lösung von sprach- und kommunikationsbezogenen Problemen in allen Bereichen menschlichen Zusammenlebens und gesellschaftlicher Interaktion befassen."*[117]

Hierhin gehören neben vielen anderen Forschungsfeldern auch die Bereiche Sprache und Politik und das immer aktueller werdende Feld der Inklusion im Bereich der Sprache. Auf beiden habe ich mich im Sinne dieser Verantwortung betätigt.

Übernahme fachlicher Verantwortung

Die Möglichkeit, explizit und öffentlich Verantwortung zu übernehmen, habe ich seit der politischen Wende. So war es in den letzten dreißig Jahren möglich, mich der Untersuchung der Sprache in der DDR zu widmen. Das begann mit dem Projekt der „Sprachbiographien" und wurde fortgesetzt mit Sammelbänden und Aufsätzen zu verschiedensten Aspekten des Themas. Textsorten waren dabei immer ein zentraler Gegenstand. Die Skala

117 *https://gal-ev.de/ueber-die-gal/angewandte-linguistik/*. Letzter Zugriff am 20.01.2021.

der untersuchten Textsorten reichte von Losungen über Zeitungstexte (Kommentare, Leitartikel, Leserbriefe), Beurteilungstexte (Arbeit, Schule, Stasi), Reden, Interviews bis hin zu Wissenschaftstexten. Im Vergleich wurden widerständige Texte, zum Beispiel Texte des Samisdat, und Texte aus dem Raum der Kirche analysiert, sodass man insgesamt ein relativ komplexes Bild der Kommunikation in der DDR erhält. Es zeigte sich neben vielem anderen als ein grundlegendes Merkmal totalitären Umgangs mit Sprache – übereinstimmend mit Seidels und Seidel-Slottys Beobachtung von der Umschmelzung der Sprachstile im Nationalsozialismus in einen einzigen[118] – die grundlegende Tendenz der Entdifferenzierung des Sprachgebrauchs, also der sprachlichen Gleichheit auf allen Gebieten, die Individualität und eigenes Denken erschweren sollte.

Ein anderes Feld, fachliche Verantwortung zu übernehmen, war das Hörfilmprojekt. Die Studien zur sprachlichen Formulierung der Audiodeskriptionen, die dem Bedürfnis blinder und sehschwacher Rezipienten entspricht, können von ganz praktischem Nutzen sein.

Ebenso verhält es sich mit meinem letzten Projekt: „Leichte Sprache im Arbeitsleben".[119] Menschen mit Lernschwierigkeiten sollen nach dem Gesetz in gleichem Maße wie nichtbehinderte Menschen von ihren Menschenrechten Gebrauch machen können. Um das zu gewährleisten, ist der Zugang zu Informationen mithilfe einer leicht verständlichen Sprache nötig. Der Einsatz der sogenannten „Leichten Sprache" in der Praxis vollzieht sich bisher aber vorwiegend intuitiv, unabhängig von wissenschaftlicher Grundlagenforschung. Daher wurde in dem Forschungsprojekt experimentell untersucht, wie verständlich Texte in „Leichter

118 Seidel/Seidel-Slotty (1961).

119 Das interdisziplinäre Forschungsprojekt „Leichte Sprache im Arbeitsleben" (2014–2018), gefördert vom BMAS, hat mehr als drei Jahre lang empirisch untersucht, ob „Leichte Sprache" die Teilhabe-Chancen im Arbeitsleben tatsächlich verbessert.

Sprache" wirklich sind. Machen die derzeitigen Regeln und Prinzipien Texte tatsächlich leichter lesbar und besser verstehbar? Was ließe sich aus kognitionswissenschaftlicher und linguistischer Sicht verbessern? Daran wird weiter gearbeitet. Die von Bettina M. Bock, Nathalie Mälzer und mir bei Frank & Timme herausgegebene Reihe „Kommunikation – Partizipation – Inklusion" wird die Ergebnisse dokumentieren.

Übernahme sprachlicher Verantwortung

Wissenschaftler haben aus meiner Sicht auch Verantwortung für die Art ihres Schreibens. Sie sollten ihre Inhalte so klar und verständlich wie möglich formulieren. Es ist ja nicht so, dass sich die wissenschaftliche Qualität eines Textes an dessen Schwerverständlichkeit zeigt. Der Inhalt eines Textes wird durch komplizierte Darstellung nicht wissenschaftlicher. Natürlich ist es nicht immer diese Ambition, die das Schreiben bestimmt, sondern es mangelt oft einfach an Bewusstheit gegenüber dem Prozess des Schreibens und damit am Entschluss zu klarer, folgerichtiger Darstellung. Nicht selten hat man den Eindruck, dass der Schreiber gar nicht daran denkt, dass es da einen Leser gibt, der das Geschriebene – möglichst eindeutig und schnell – verstehen möchte. Ich denke an Michael Clynes prägnante Feststellung von der Verteilung der Verantwortung: „Der englischsprachige Autor trägt die Verantwortung, einen lesbaren Text herzustellen, im Kontrast zu der Verantwortung des deutschsprachigen Lesers, den Text zu verstehen."[120]

Seit Clynes Feststellung hat sich einiges zum Besseren entwickelt. Aber durchaus nicht alle Texte genügen dem Anspruch, Strukturen erkennen, die Entwicklung der Gedanken klar verfolgen und Argumente deutlich erfassen zu können. Immer schon

120 Clyne (1993: 30).

hat mich beeindruckt, wie klar Kleist in seinem Essay „Über die allmähliche Verfertigung der Gedanken beim Reden“ den Zusammenhang von Denken und Reden beschreibt. Das ist auch der Fall beim Schreiben. Denken und Reden bzw. Denken und Schreiben greifen wie Zahnräder ineinander. Wenn dem so ist – und daran besteht kein Zweifel – ist es für mich schwer verständlich, dass der sprachlichen Gestalt des Mitgeteilten – auch in wissenschaftlichen Darstellungen – so wenig Aufmerksamkeit gewidmet wird.

Für mich war und ist es ein zentrales Anliegen, möglichst klar zu schreiben. Das erfordert zugegebenermaßen viel Zeit. Es ist aber nicht nur für die Leser, sondern auch für den Autor selbst hilfreich. Im Zuge des Schreibens klären sich Gedanken, entwickeln sich Ideen und werden Argumente und Gegenargumente deutlich.

Auf meiner Emeritierungsfeier hat Olaf Gätje, der als Doktorand von Hamburg nach Leipzig gekommen war und bei mir seine Dissertation geschrieben hat, eine sehr freundliche kleine Rede gehalten. In der Rede zitiert er eine Freundin, die wie er an einer sprachwissenschaftlichen Dissertation arbeitete. Auf die Frage, von wem er denn betreut werde, und auf seine Antwort „von Ulla Fix“ soll sie geantwortet haben: „Ach ja, die Fix, die liest man und danach ist alles klar. Das kennt man ja auch anders.“ Ein größeres Lob konnte sie mir nicht aussprechen. Da war ich also meiner selbst gewählten Verantwortung gerecht geworden.

Aus der Außensicht wird Mitarbeit

Die Jahre nach der Vereinigung brachten die Mitarbeit in verschiedenen Institutionen mit sich. Das half mir dabei, die für mich neue Wissenschaftslandschaft, die ich bisher nur fragmentarisch von außen kannte, zu verstehen. Es begann damit, dass ich 1994 in das Herausgebergremium des Referateorgans GERMANISTIK berufen wurde (später war ich auch die Vorsitzende des Trägervereins). Warum mir dies wie eine Art Wunder erschien, soll kurz erklärt werden. In der Deutschen Bücherei lag die GERMANISTIK, die andernorts nicht erhältlich war und nach den geltenden Regeln eigentlich in den Giftschrank gehörte, erstaunlicherweise für alle aus. Es ist mir nicht klar, wieso hier so locker verfahren wurde. Der 1949 von Halle/Saale nach Tübingen übergesiedelte Max Niemeyer Verlag lieferte, der Selbstverpflichtung der westdeutschen Verlage entsprechend, regelmäßig Belegexemplare. Wir konnten uns mithilfe der dort zu lesenden Kurzreferate ein gutes Bild über die westdeutsche und internationale Literatur- und Sprachwissenschaft machen. Das war unser eigentliches Fenster zu der Wissenschaftswelt, zu der wir gern gehört hätten. Nun sollte ich also zu den Verantwortlichen für dieses von uns hochgeschätzte Berichtsorgan über die germanistische Sprach- und Literaturwissenschaft gehören und mit zuständig dafür sein, dass für Forschung und Lehre wichtige Veröffentlichungen des In- und Auslandes bibliographisch erfasst und ausgewertet würden. Als ich zum ersten Mal im Tübinger Verlagshaus war, führten mich Robert Harsch-Niemeyer und Birgitta Zeller in das Verlagsarchiv, das auch die Publikationen bewahrte, die 1949 (wenn ich mich nicht irre, auf einem Leiterwagen) während des Exodus vieler mitteldeutscher Verlage von Halle nach Tübingen gebracht worden waren. Mehr noch als viele andere sich mir eröffnende Möglichkeiten in dieser Zeit habe ich die Mitarbeit an der GERMANISTIK als eine Genugtuung empfunden.

Dass ich im Archiv auch die Erstausgabe von André Jolles' „Einfachen Formen" fand, berührte mich sehr. Ich hatte schon vor 1989 begonnen, mich für Jolles' eigenwilliges Werk und sein umstrittenes Leben – origineller Denker und Nationalsozialist – zu interessieren. Obwohl Jolles in Leipzig gewirkt hatte, blieb er in unserem Studium eine Leerstelle. Dabei hätte er zum einen Anlass sein können, sich mit der Verantwortung des Wissenschaftlers auseinanderzusetzen, und zum anderen, sich mit dem vielversprechenden Zugang zu Textsorten zu befassen, den er mit seinem Buch „Einfache Formen" anbot. Dieses Buch, so „unlinguistisch" es ist, sollte meine Beschäftigung mit Textsorten stark anregen.

Im gleichen Zeitraum war ich Mitglied des Beirats der „Gesellschaft für Angewandte Linguistik" und ab 2002 Mitglied des GAL-Vorstands sowie Mitherausgeberin der „Zeitschrift für Angewandte Linguistik". Zugleich leitete ich mit Josef Klein und später mit Stefan Habscheid die heute noch existierende Sektion „Textlinguistik und Stilistik". Neben dem Thema „Kulturspezifik" war mir damals der Schwerpunkt „Textbeziehungen" bzw. „Intertextualität" sehr wichtig. Es war wohl, zusammen mit der Arbeit über „Intertextualität" von Susanne Holthuis (1993), das erste Mal, dass diese Kategorie in der sprachwissenschaftlichen Debatte eine explizite Rolle spielte.

In unserem gemeinsamen Bemühen um die Textlinguistik kamen Kirsten Adamzik und ich auf die Idee, die Gattung „Preisfrage" als Form der Provokation zum originellen Denken und Schreiben wiederzubeleben, und so konfrontierten wir die (text) linguistische Welt mit der Preisfrage: „Brauchen wir einen neuen Textbegriff?" Aus den Antworten entstand ein später viel zitierter Sammelband zu diesem Thema.[121] Der Preis für die beste, weil dichteste und differenzierteste Antwort wurde auf der Jahrestagung der GAL 2000 an Eva Martha Eckkrammer vergeben. Aus diesem Anfang entwickelte sich der aller zwei Jahre vergebene

121 Fix (Hrsg.) (2002).

Förderpreis der GAL, wobei der Ursprung mittlerweile in Vergessenheit geraten ist. Gleichzeitig war ich Mitglied des Beirats „Germanistik“ beim DAAD und anschließend Mitglied des Wissenschaftlichen Rates am Institut für Deutsche Sprache/Mannheim und zugleich Mitherausgeberin der „Zeitschrift für Deutsche Sprache“. Darauf folgte die Mitgliedschaft im Internationalen Wissenschaftlichen Rat des Instituts für Deutsche Sprache. Die Mitarbeit in diesen drei verschieden orientierten Gremien hat meinen linguistischen Horizont erheblich erweitert. Dass ich als Linguistin bis heute Mitglied des Advisory Board des „Journal of Literary Theory“ bin, erfüllt mich mit Freude, ist es doch ein Ausdruck dafür, dass eine Zusammenarbeit zwischen Literatur- und Sprachwissenschaft, um die ich mich immer bemüht habe, möglich ist. In diesen Kontext gehört auch, dass ich zusammen mit Andreas Gardt und Joachim Knape das Handbuch „Rhetorik und Stilistik“[122] und später mit Anne Betten und Berbeli Wanning das Handbuch „Sprache und Literatur“ herausgegeben habe.[123] An Herausgeberschaften nenne ich außerdem folgende abgeschlossene: Mitherausgeberin der Reihe „Leipziger Arbeiten zur Sprach- und Kommunikationsgeschichte“ und Mitherausgeberin der Reihe „Leipziger Skripten“.[124] Noch relativ neu ist die Reihe „Kommunikation – Partizipation – Inklusion“[125], zu deren Mitherausgeberinnen ich gehöre. Sie hat unter anderem den Schwerpunkt „Leichte Sprache“ und wird sich, da sie höchst aktuelle gesellschaftliche Probleme artikuliert, nach einem guten Start in diesem Sinne weiter entwickeln.

122 Fix/Gardt/Knape (2009).

123 Betten/Fix/Wanning (2017).

124 Reihe „Leipziger Arbeiten zur Sprach- und Kommunikationsgeschichte“. Frankfurt am Main/Berlin/Bern. Reihe „Leipziger Skripten“. Einführungs- und Übungsbücher. Frankfurt am Main/Berlin/Bern.

125 Reihe „Kommunikation – Partizipation – Inklusion“. Berlin. Zusammen mit Bettina M. Bock und Nathalie Mälzer.

Fünfter Exkurs: Projekte nach der „Wende“ – Zusammenarbeit mit Studenten und Doktoranden

In einer Auswahl stelle ich zwei Projekte vor, die meine Forschungsinteressen der letzten zwei Jahrzehnte zeigen und zugleich das Engagement von Studenten und Doktoranden vor Augen führen. Es war deutlich zu spüren, dass die neuen Formen des Zusammenarbeitens, die viel Freiheit boten, die Ideenreichtum herausforderten und zugleich immer eine beträchtliche Wissenserweiterung mit sich brachten, sehr gern angenommen wurden.

1. Das Projekt „Sprachbiographien“[126]

Das erste Projekt – „Sprachbiographien“[127] – war Teil des von Gerd Antos geleiteten DFG-Projektes „Fremdheit in der Muttersprache“ (1994–2001). Ausgangspunkt für unsere Beschäftigung mit dem Thema war die Überlegung, dass der sich seit 1989 in den neuen Bundesländern vollziehende sprachlich-kommunikative Wandel, der Veränderungen auf allen Ebenen des Sprachgebrauchs mit sich brachte, nur dann vollständig erfasst und in seinen Folgen expliziert werden kann, wenn auch die individuellen Erfahrungen und Bewertungen der Sprachteilnehmer einbezogen werden. Was Sprachteilnehmer zur Veränderung ihres kommunikativen Haushalts und ihrer kommunikativen Situation sagen, wirft ein deutliches Licht nicht allein auf die jeweils gegebene

126 Dieser Text orientiert sich am Vorwort zu Fix/Barth (2000).

127 Die Ergebnisse finden sich bei Fix/Barth (2000).

Situation, in der sie sich zu bewegen haben, sondern auch auf ihre Befindlichkeit in dieser Situation. So würde – das war die Annahme – eine solch sprachreflexiv angelegte Untersuchung geeignet sein, das im allgemeinen Bewusstsein grob strukturierte Bild von den Kommunikationsverhältnissen in der DDR und von den sich vollziehenden Veränderungen dieser Verhältnisse zu differenzieren. Dieses Verfahren ist sprachreflexiv orientiert und unterscheidet sich daher methodisch von anderen Arbeiten zum Thema Sprachwandel als Folge der politischen Wende, die sich oft auf das Registrieren sprachlicher Befunde konzentrierten. Dem Sprachbiographien-Projekt liegt die Erkenntnis zugrunde, dass zum Beschreiben von Kommunikationswandel auch gehört, den Wandel der soziokulturellen Bedingungen und der damit verbundenen Befindlichkeiten zu erfassen. Eine Möglichkeit ist es, festzuhalten, was man von Probanden berichtend und wertend dargestellt bekommt.

Der methodische Zugang, das war die Ausgangsidee, sollte in diesem Projekt die Erhebung von Interviews sein. Mit dem Mittel diskursiver und narrativer Interviews sollte erfragt werden, wie Menschen in den neuen Bundesländern, die auch die DDR bewusst erlebt haben, die sprachlich-kommunikativen Umbrüche wahrnehmen und wie sie sie verarbeiten. Wissenschaftlich verwertbares Material über die sprachreflexive Verarbeitung des stattfindenden Sprachgebrauchwandels war zum Zeitpunkt des Projektantrags nicht verfügbar. Die Interviews sollten solches Material erbringen. Dabei hing viel von der Vorbereitung der Interviews, von der Erarbeitung eines geeigneten Interviewrahmens ab, der Schwerpunkte setzen, zugleich aber den Befragten ein möglichst großes Maß an Freiheit lassen sollte, um die Bereitschaft zum Erinnern, Erzählen und Bewerten nicht von vornherein zu dämpfen. Es wurden Gespräche geführt, in denen die Befragten – angeregt durch Beispiele und durch gezielte, aber nicht gängelnde Fragen – dazu gebracht wurden, ihre Erinnerungen, ihre neuen Erfahrungen und ihre Bewertungen mitzuteilen. Die soziolinguistische Frage, wie Kollektive Wirklichkeiten schaffen, wurde an dieser Stelle umgekehrt in die Frage, wie Individuen (als Teile von Gemeinschaften) die kollektiv – also auch von ihnen geschaffenen – Wirklichkeiten erfahren und erleben.

Das aus dem Projekt hervorgegangene Buch „Sprachbiographien" enthält 22 Interviews aus den Jahren 1994 bis 1996. Während die Interviewtexte in einer „Lesetranskription" vorgestellt werden, liegt den Analysen eine feinere Transkription zugrunde. Den Interviews sind zwei Aufsätze vorangestellt: ein Projektbericht von mir, der auf die Ethnostrategien der Interviewten eingeht, sowie eine quantitative oberflächen- und tiefenstrukturelle Analyse der in den Interviews verwendeten Referenzmittel von Dagmar Barth.

Diesem Projekt – dem ersten, das ich in Gang brachte – gingen Seminare zur theoretischen und praktischen Vorbereitung voraus. Es fanden sich viele Interessierte, die sich bei der theoretischen Vorklärung engagierten, die Interviews durchführten, die Aufnahmen transkribierten und schließlich die Druckfassung des Buches vorbereiteten. In den folgenden Jahren – nach Abschluss des Projekts – ergaben sich immer wieder Anlässe für Interviews und deren Analysen. Auch die letzte Dissertation, die ich betreut habe, ging noch einmal auf Interviews ein.

Sophia Schleichardt, die Doktorandin, ging in ihrer Arbeit zum Wiedervereinigungsdiskurs von der Beobachtung aus, dass in dieser Debatte immer auf den Osten geblickt werde und der Diskurs über Ostdeutschland daher als markiert gelten müsse, der Osten werde also als Abweichung, der Westen als Normalfall empfunden. Dieser markierte, durch semantischen Reichtum gekennzeichnete Fall ist nach Meinung der Autorin geeignet, in einer diskurslinguistischen Analyse auf das kollektive Wissen zum Konzept ‚ostdeutsch' hin untersucht zu werden. Das Biographische wird in der Arbeit relevant, wenn neben politisch-institutionellen und massenmedialen Texten auch private Gespräche (*face-to-face*-Kommunikation) untersucht werden. Das erlaubt einen Einblick in die Bedingungen des individuellen Sprechens und auf diese Weise einen tieferen Einblick in die diskursiven Strukturen. Es freut mich sehr, dass die Autorin dieser Arbeit weiter auf dem Gebiet des autobiographischen Schreibens und Erzählens arbeitet und eine Ausbildung zur Autobiografikerin absolviert hat. So schließt sich ein Bogen von den 1990er Jahren zu heute.

Im Sinne Jan Assmanns haben alle an diesem Projekt und dessen Vorarbeiten und Nacharbeiten Beteiligten an unserem kommunikativen Gedächtnis gearbeitet.

Hinzu kommt, dass biographische Arbeiten und verschiedene Arten von Interviews, zu denen es bei anderen Gelegenheiten kam, meine Arbeit der letzten Jahrzehnte begleiteten. Nach Abschluss der Arbeit der Personalkommission wurden als Dokumentation soziologisch orientierte Interviews mit den Mitgliedern geführt. Ich wurde – ebenfalls unter soziologischem Aspekt – nach meinem Lebenslauf befragt. Die Universität Leipzig führt Video-Interviews mit ihren Professoren, wohl als Ersatz für die früher übliche Porträtmalerei. Kurz nach dem Beginn des Sprachbiographien-Projekts bot mir Siegfried Grosse, Bochum, Mitbegründer des Instituts für Deutsche Sprache im Jahre 1964 und von 1987 bis 1993 sein Präsident, an, auch mit ihm ein Interview zu führen. Das Interview hat tatsächlich 1993 stattgefunden. Dass er sich in diesem Amt mit der sich daraus ergebenden Arbeitsbelastung für ein Interview zur Verfügung gestellt hat, hat mich sehr beeindruckt. Es muss ihm besonders wichtig gewesen sein. Wie sich zeigte, ging es ihm, der in Grimma (Sachsen) geboren war, darum, verschiedene Arten der Kommunikation zu beschreiben, die er als in Westdeutschland Lebender mit den Grimmaer Verwandten und Bekannten erlebte. Interessant ist, wie er allmähliche Anpassungen an den Sprachgebrauch der DDR auch bei wenig DDR-freundlichen Gesprächspartnern beschrieb.

Neben dem Text dieses Interviews liegt vor mir ein eng beschriebener fünfseitiger Brief, den mir Peter von Polenz als Reaktion auf die Lektüre des Sprachbiographien-Bandes geschickt hat – auch eine Art Sprachbiographie. Unter anderem beschreibt er die „Diglossie-Situationen", die er als Schüler beim Wechsel von „preußischer Sprachintoleranz" (Zinzendorf-Pädagogium Niesky) zum „sächselnden Sprachbewusstsein" in Dresden (Vitzthum-Gymnasium) erlebt hat, und setzt die Beschreibung von Diglossie-Erlebnissen für seine Jahre in Marbach, Heidelberg und Trier fort.

Mitte der 90er Jahre betreute unser jüngerer Sohn als Schüler eine alte, hilfsbedürftige Frau in unserer Nachbarschaft. Die Betreuung erschöpfte sich nicht im Kohletragen. Vielmehr hörte er ihren Erzählungen über Krieg, Flucht, Nachkriegszeit mit großem Interesse zu und machte daraus eine 38 Seiten umfassende Erzählung: „So durchlauf ich des Lebens Bogen und kehre, woher ich kam. Oder: Das Leben der Meta Schneider". Dieser Text stellt eine andere Variante von Oral History dar. Er ist natürlich kein Interview im strengen Sinne, sondern ein narrativer Text, in den er als Autor zusätzlich zu den wiedergegebenen Fakten Gefühle wie Trauer, Schrecken, Bewunderung für Meta S. ausgedrückt hat. Das bereichert das Bild, das man sich von der Erzählerin und ihrer Zeit macht. Es hat mich berührt, dass sich vor kurzer Zeit – fast dreißig Jahre nach dem Bericht über Meta S. – der Sohn einer Kollegin desselben Themas angenommen hat. Er arbeitete an drei Zeitzeugen-Interviews die Integration der nach dem Zweiten Weltkrieg Flüchtenden bzw. Vertriebenen im Raum Leipzig und die Geschichte der sogenannten Umsiedler auf. Auch hier lebt das kommunikative Gedächtnis weiter.

2. Das Fechner-Projekt

Im Zusammenhang mit meinem Interesse am Ästhetischen trat Fechner in mein wissenschaftliches Leben. Sein Name war in einer literaturwissenschaftlichen Vorlesung mit Bezug auf seine

Untersuchungen zum Ästhetischen genannt worden. So begann ich, seine Texte zu lesen. Die Lektüre faszinierte mich. Besonders fesselte mich, dass er, um ästhetische Reize zu untersuchen, schon im 19. Jahrhundert mit einem selbst entworfenen Gerät zum Messen von Eye-Tracking arbeitete. Wie modern das war, verstand ich in seiner ganzen Tragweite erst, als ich von Kollegen der Verstehenspsychologie erfuhr, dass sie dabei sind, Textreize mit Eye-Tracking zu erfassen. Fechner vertrat auch einen überaus modernen semiotischen Ansatz.

Ich zitiere aus dem IX. Kapitel der „Vorschule der Ästhetik“[128], in dem es um das „aesthetische Associationsprinzip“ geht. Fechner fragt, warum uns eine Orange gefällt, warum sie uns sogar besser gefällt als eine „gelb überfirnisste Holzkugel“, die von gleicher Größe und gleicher Farbe und, was uns eigentlich mehr für sie einnehmen müsste, von glatterer Beschaffenheit als die Orange ist.[129] Es folgt Fechners Antwort, die für mich äußerst modern ist:

> *„In der That, sieht denn der, der eine Orange sieht, blos einen runden gelben Fleck in ihr? Mit dem sinnlichen Auge, ja; geistig aber sieht er ein Ding von reizendem Geruch, erquickendem Geschmack, an einem schönen Baume, in einem schönen Lande, unter einem warmen Himmel gewachsen, in ihr; er sieht so zu sagen ganz Italien mit in ihr, das Land, wohin uns von jeher eine romantische Sehnsucht zog. Aus der Erinnerung an all das setzt sich die geistige Farbe zusammen, womit die sinnliche verschönernd lasiert ist; indes der, der eine gelbe Holzkugel sieht, eben blos trocknes Holz hinter dem runden gelben Fleck sieht.“*[130]

128 Fechner (1897).

129 Fechner (1897: 88).

130 Fechner (1897: 89).

Diese Beschreibung erinnert an semiotische Gedankengänge, wie wir sie zum Beispiel bei Umberto Eco in seinem Raster an Konnotationen als „emotionale Konnotation" finden.[131]

Fechner war Professor für Physik an der Universität Leipzig und Ehrendoktor der medizinischen Fakultät. Er war weit über Leipzig und Deutschland hinaus bekannt als Begründer der Experimentellen Psychologie und der Psychophysik. Man kennt Fechner aber auch als Philosophen und kritischen Beobachter seiner Zeit. Einblick in sein Leben und sein Wesen gibt ein umfangreiches Tagebuch, in dem er teils sachlich, teils witzig und ironisch ein Bild seiner Zeit vermittelt. Nicht zuletzt hat er, wie das Beispiel der Orange zeigt, in seiner „Vorschule der Ästhetik" Gedanken entwickelt, die als Vorläufer der modernen Semiotik betrachtet werden können.[132]

Zur Vorbereitung eines geplanten interdisziplinären Kolloquiums zum Thema „Fechner und die Folgen außerhalb der Naturwissenschaften" fand im Wintersemester 2000/2001 ein Seminar zum Thema „Auffassungen von Sprachästhetischem und Stil innerhalb und außerhalb der Linguistik" statt. Im Zentrum des Seminars stand Fechners „Vorschule der Ästhetik" mit ihren ästhetischen Prinzipien. Aus dem Seminar ergaben sich Ideen für die musische Gestaltung des Kolloquiums. Zum einen entwickelten Studierende das Konzept einer Lesung Fechnerscher Texte, vornehmlich solcher aus dem Tagebuch, die Alltagsthemen behandeln und den Fechnerschen Witz zeigen, wie auch solcher Texte, die an Alltagsbeispielen wie dem Vergleich der Orange mit der Holzkugel die Grundideen der Fechnerschen Ästhetik verdeutlichen. Die von Studenten bestrittene Lesung „Abend in Orange. Texte aus Fechners Nachlass und Musik aus der Zeit Fechners" fand vor großem Publikum statt. Sie war verbunden

131 Eco (1972: 109).

132 Ausführlicheres zu Fechner findet sich im sechsten Exkurs: Bedrückende Wissenschaftsgeschichte.

mit einem Konzert der von Dr. Volker Riede geleiteten Kammermusikgruppe für Physik und Geowissenschaften, die zeitgenössische Musik von Fanny Hensel, Robert Schumann und Felix Mendelssohn-Bartholdy vortrug. Außerdem wurde eine weitere mit dem Seminar im Zusammenhang stehende Idee umgesetzt. Sie ergab sich aus dem lange schon ins Auge gefassten Plan von der am Institut für Kunstpädagogik der Universität Leipzig Malerei und Grafik lehrenden Renate Herfurth und mir, mit den Studierenden der Kunstpädagogik und Germanistik ein gemeinsames Projekt durchzuführen. Fechner als ausgesprochen interdisziplinärer Denker mit seinem Interesse sowohl an bildender Kunst als auch an Literatur und Ästhetik bot sich für ein solches Projekt an. So versammelten sich Studierende der Kunstpädagogik und der Germanistik im Malsaal des Instituts für Kunstpädagogik und nahmen an einem gemeinsamen Fechner-Seminar teil, hörten und diskutierten Beiträge zu Fechners Biographie und zu seinen ästhetischen Auffassungen und setzten dann ihre dort gewonnenen Vorstellungen bildlich um. Das reiche Ergebnis dieser Bemühungen konnte während des Kolloquiums in einer Vernissage „Summa summarum – Bildnerischer Versuch einer Annäherung an F." der Öffentlichkeit vorgestellt werden. Über hundert Besucherinnen und Besucher, vor allem Studierende, nahmen an der Vernissage teil und zeigten damit, dass Fechnersche Ideen, umgesetzt in die Bildvorstellungen junger Menschen heute, durchaus noch interessieren.

Die Öffentlichkeitsarbeit für alle Veranstaltungen wurde von Studierenden übernommen – ebenso die Gestaltung des Informationsmaterials, das die Veranstaltungen begleitete. Das betrifft das sorgfältig gestaltete und mit einer Auswahl Fechnerscher Texte versehene Tagungsprogramm, die ganz im Sinne der Fechnerschen Ästhetik gestaltete Einladungskarte und das Abendprogramm sowie das auf dem Plakat wiedergegebene Bild. Die Gestaltung des Plakats lag in den Händen von Renate Herfurth.

Das Kolloquium selbst verdeutlichte, dass Fechner nicht nur in den Naturwissenschaften ein Vordenker für das 20. (und 21.) Jahrhundert war, sondern dass er auch für Philosophie, Kunstwissenschaft, Theologie, Sprachwissenschaft und andere Fächer von Bedeutung ist. Es wurde nahezu in jedem Beitrag deutlich, wie Fechnersche Gedankengänge auf dem jeweiligen Gebiet weitergewirkt haben und wie sie sich in teils überraschender Weise in heutigen Überlegungen als Anregung wiederfinden lassen. Vertreterinnen und Vertreter der Fächer Philosophie, Religionswissenschaft, Kulturwissenschaft, Mathematik, Geschichte, Wissenschaftsgeschichte, Archivwissenschaft, Literatur- und Sprachwissenschaft äußerten sich zu den heute noch relevanten Fragestellungen und Anregungen, die die jeweiligen Wissenschaftsdisziplinen Fechner verdanken, so in einer regen Diskussion zu dem zeichentheoretischen Ansatz, den man bei Fechner entdecken kann.

Während ich dies schreibe, wird mir wieder bewusst, welch großen Teil der Freude an meiner Arbeit die Zusammenarbeit mit Doktoranden und Studenten ausgemacht hat. Es war für mich immer eine Bereicherung, mit jungen Menschen voller Ideen und Enthusiasmus zusammenzuarbeiten. Und es ist mir jetzt eine große Freude zu sehen, wie sie ihren Platz gefunden haben: an der Schule (Heike Mühlbach, Björn Dumont, als Lerntherapeutin Sophia Schleichardt), an Universitäten (Dagmar Barth-Weingarten, Bettina M. Bock, Olaf Gätje, Galina Sassejewa, Sebastian Schmideler, Tanja Skerlavaj), im Bereich der Medien (Claudia Carell, Mirko Marr) und als Experten für Kommunikation in Institutionen (Wilma Kauke-Kececi, Gregor Hoffmann, Cordula Schröder). Alle, mit denen ich darüber gesprochen oder die mir geschrieben haben, meinen, dass es vor allem die Arbeit an Texten war, die sie auf ihr Berufsleben vorbereitet hat.

Gern würde ich alle meine Studenten und Doktoranden, deren Namen mir im Gedächtnis sind und über deren Lebensweg ich informiert bin, hier nennen. Das ergäbe jedoch eine Liste, die den geplanten Umfang des Kapitels sprengen würde. Außerdem fürchte ich, dass sich von den vielen Namen, deren Träger mir wichtig sind, der eine oder andere im Moment des Schreibens nicht einstellt. Das möchte ich vermeiden. Daher habe ich mich entschieden, stellvertretend für alle auf nur vier von ihnen genauer einzugehen:

Dr. Bettina M. Bock, Dr. Sophia Schleichardt, Dr. Kerstin Preiwuß und Melissa Holstein. Mit diesen Personen haben wir eine Hochschullehrerin, eine Vertreterin der angewandten Sprachwissenschaft, eine Schriftstellerin und eine bildende Künstlerin vor uns.

Bettina M. Bock hat mit Konsequenz eine erfolgreiche Hochschullaufbahn eingeschlagen. Sie ist Juniorprofessorin an der Universität Köln und verfolgt neben anderen Themen Gegenstände weiter, die wir gemeinsam in Angriff genommen haben, z. B. das Forschungsprojekt „LeiSA-parti", das die Erforschung partizipativer Arbeitsprozesse im Bereich Wissenschaft zum Gegenstand hat.

Sie ist Mitglied der „Jungen Akademie", der weltweit ersten Akademie des wissenschaftlichen Nachwuchses, ein Projekt der Berlin-Brandenburgischen Akademie der Wissenschaften und der Nationalen Akademie der Wissenschaften Leopoldina.

Sophia Schleichardt arbeitet als erfahrene Lektorin für wissenschaftliche wie für belletristische Texte und als Autobiografikerin. Sie ist der Überzeugung, dass nicht nur die Lebensgeschichten berühmter Menschen bewahrenswert sind, und schreibt daher „private" Lebensgeschichten aus dem Blickwinkel derer, die ihre Erinnerungen gern in einem Buch festhalten möchten. Dabei bemüht sie sich, auch deren Sprache, ihren individuellen Ton zu treffen. Außerdem führt sie als Lerntherapeutin Kinder und Jugendliche ans Schreiben heran. Sie kann also mit ihrer Vielseitigkeit sowohl jüngere als auch ältere Menschen beim Schreiben auf vielfältige Weise unterstützen. Von ihrer Lektorenarbeit habe ich schon oft profitiert.

Kerstin Preiwuß ist bekannt als mehrfach ausgezeichnete Autorin von Lyrik und Epik. Während ihres Studiums haben wir gemeinsame Interessen entdeckt. Diese waren und sind zum einen die Bewunderung für die Gedichte Johannes Bobrowkis und zum anderen die Überzeugung, dass man Roman Jakobsons Auffassung von der „poetischen Funktion der Sprache" unbedingt in die Praxis des Umgangs mit Texten umsetzen müsste. Kerstin Preiwuß hat getan, was ich mir für die Germanistik immer gewünscht habe: Sie hat die Verbindung von Sprachwissenschaft und Literaturwissenschaft hergestellt. Dieses Anliegen wird sie sicher als neu berufene Professorin für Literarische Ästhetik am Deutschen Literaturinstitut Leipzig und als Mitglied der Deutschen Akademie für Sprache und Dichtung mit besonderer Intensität verfolgen.

Melissa Holstein hat in Heidelberg und Leipzig Germanistik und Politologie studiert. Nach der Tätigkeit als freie Journalistin nahm sie an der Bauhaus-Universität Weimar noch einmal ein Studium auf. Sie studierte Freie Kunst. 2017 erhielt sie das Georg-Meistermann-Stipendium. Das setzte sie in die Lage, ihre künstlerische Tätigkeit weiter auszubauen. Sie hat unter anderem in Berlin, Weimar, München, Essen, Yokohama, Nagoya und Seggiano ausgestellt. Warum nenne ich Melissa Holstein, die Künstlerin, hier? Sie hatte mir bei einem unserer ersten Gespräche gestanden, dass sie eigentlich mehr an Bildern als an der Sprachwissenschaft interessiert sei. Vermutlich fand sie das Geständnis riskant. Es traf sich aber gut, dass wir gerade in der Phase in Kontakt kamen, in der ich mich in der Forschung wie in der Lehre intensiv mit dem Verhältnis von Text und Bild befasste. Sie war also keine Abweichlerin, sondern eine Spezialistin, die etwas Notwendiges in gemeinsame Projekte einbringen konnte. Davon haben sie und die Seminarteilnehmer profitiert. Und die Sprache ist ihr auch näher gekommen. Nicht nur einmal hat sie mir versichert, dass die Arbeit an Texten, wie sie sie in meinen Seminaren erlebt hat, für alle ihre späteren Beschäftigungen ein Gewinn war.

Aus Gängelung wird Freiheit von Forschung und Lehre

Mit dem Ruf auf eine Professur für deutsche Sprache der Gegenwart (Schwerpunkt: Textlinguistik und Stilistik) an die Universität Leipzig im Jahr 1993, also mit reichlich 50 Jahren, begann mein eigentliches wissenschaftliches Leben. Damit meine ich, die ich natürlich auch vorher wissenschaftlich gearbeitet habe, dass ich nun in größerem Maße als bisher Forschungsprojekte initiieren und durchführen, Gelder einwerben, Kooperationen vereinbaren, Kolloquien und Tagungen organisieren (u. a. zusammen mit Gerd Antos, Irmhild Barz, Bettina M. Bock, Steffen Pappert, Marianne Schröder, Melani Schröter, Hans Wellmann), neue Formen der Arbeit mit Studenten einführen, neue inhaltliche Schwerpunkte setzen und Publikationen in nationaler und internationaler Zusammenarbeit in Angriff nehmen konnte. Ich habe mich immer darum bemüht, Forschungsvorhaben und Lehrgegenstände miteinander zu verbinden und interessierte Studenten in Forschungsvorhaben einzubeziehen. So kam es neben den Tagungen üblicher Art auch zu einer Reihe von Konferenzen, z. B. unter dem Oberthema „Text-Tage", die von Studenten konzipiert, organisiert, fachlich bestritten und in je einer studentischen Publikation zum gewählten Unterthema dokumentiert wurden.

Wichtige Forschungsvorhaben in diesen Jahren waren die schon genannten Gegenstände ‚Intertextualität', ‚Textualität und Textsorten' und ‚Ritualität'. Als neue Schwerpunkte kamen hinzu: ‚Kommunikative Ethik', ‚Bild und Text', ‚Sprachästhetik', ‚Beziehungen zwischen Literatur- und Sprachwissenschaft', ‚Leichte Sprache' und ‚Denkstile'.[133]

133 Fix (1998; 2003a; 2005; 2008a); Fix/Wellmann (2000); Antos/Fix/Radeiski (2014); Betten/Fix/Wanning (2017); Bock/Fix/Lange (2017); Andersen/Fix/Schiewe (2018).

Der Gegenstand ‚Bild und Text' war die Erweiterung eines zeichenbezogenen Ansatzes, den ich schon mit meinem semiotischen Stilbegriff[134] entwickelt hatte. Rückblickend kann man sagen, dass diese frühen Arbeiten Vorläufer der später einsetzenden generellen Debatte zur Medialität waren. Auf die mich schon seit der Habilitation interessierende Frage nach dem, was das Sprachästhetische sei und wie man es erfassen könne, fand ich überraschende Antworten bei alten, fast vergessenen Autoren wie bei dem Mediziner, Physiker und Begründer der experimentellen Ästhetik Gustav Theodor Fechner (1801–1887) in seiner „Vorschule der Ästhetik".[135] Und ich fand eine Antwort bei dem Sprachpsychologen Friedrich Kainz (1897–1977) in seiner fünfbändigen „Psychologie der Sprache" sowie in seinen „Vorlesungen über Ästhetik"[136]. Kainz billigte anders als üblich dem Ästhetischen eine Wirksamkeit auch für nichtliterarische Texte zu und stellte handhabbare Prinzipien dieser Wirksamkeit vor. Ähnliche Gedanken konnte ich dann auf philosophisch-semiotischer Ebene bei Jan Mukařovský in „Kapitel aus der Ästhetik" entdecken.[137] Vor allem aber konnte ich in Arbeiten von Roman Jakobson zur Bedeutung der Sprachform und zu deren Erfassen Grundsätzliches finden, das geeignet war, die Brücke zur Literaturwissenschaft zu schlagen.[138]

Wenn man sich mit literarischen Texten im Hinblick auf ihre Form befasst, hat man es zwangsläufig mit dem Phänomen der Andersartigkeit, des Abweichens (von Mustern, vom Erwarteten) zu tun. Dieses Phänomen beschäftigte mich lange Zeit. Die Bemühungen mündeten unter anderem in dem Handbuchartikel

134 Fix (2001b).

135 Ausführlicheres zu Fechner findet sich zum Fechner-Projekt oben sowie im sechsten Exkurs.

136 Kainz (1941–1969; 1948).

137 Mukařovský (1970).

138 Jakobson (1974).

„Muster und Abweichen".[139] Sie schienen mir geeignet, die sprachliche Besonderheit mancher literarischer Texte zu erfassen. Im Zusammenhang mit meinen Arbeiten zur Textlinguistik stand die Beschäftigung mit der vor allem von Ingo Warnke angeregten Diskurslinguistik. Mein Interesse galt der Frage, welchen Platz Text und Stil in der Diskurslinguistik einnehmen.[140] Mittlerweile ist deren Eignung als Instrument diskursanalytischer Untersuchungen wohl unumstritten.

Gleichzeitig hatte ich ein anders geartetes Thema im Blick, das seine Wurzeln ebenfalls in meinem semiotischen Ansatz der frühen Jahre hatte. Die Beschäftigung mit dem Thema „Text und Bild" führte zur Zusammenarbeit von Karin Hämmer (Ideengeberin), Heike Elisabeth Jüngst, Kim Kluckhohn, Henrike Morgner, Steffen Pappert, Hannelore Poethe, Anja Seiffert, Gabriele Yos und mir an einem Projekt zum Phänomen des Hörfilms.[141] Die letzten Projekte, mit denen ich mich befasst habe, galten dem Thema ‚Leichte Sprache'[142] und dem Phänomen des ‚Denkstils'[143]. Nach dem Behindertengleichstellungsgesetz sollen Menschen mit Lernschwierigkeiten ebenso wie nichtbehinderte Menschen von ihren Menschenrechten Gebrauch machen können. Es sollte Aufgabe der Linguistik sein, gesichertes sprachliches Wissen für die Praxis des Herstellens entsprechender Texte in Leichter Sprache bereitzustellen. Daher haben Bettina M. Bock, Daisy Lange und ich in dem Interdisziplinären Forschungsprojekt „Leichte Sprache im Arbeitsleben"[144] untersucht, ob die derzeitigen Regeln und Prinzipien Texte tatsächlich leichter lesbar und besser verstehbar machen und was man ändern sollte. Um das herauszufinden,

139 Fix (2009).

140 Fix (2018).

141 Fix (2005).

142 Bock/Fix/Lange (2017).

143 Andersen/Fix/Schiewe (2018).

144 Vgl. Anm. 119.

wurden empirische Untersuchungen (Bock, Lange) und theoretische Überlegungen (Bock, Fix) angestellt, ein Sammelband[145] publiziert und eine Buch-Reihe[146] eröffnet. Weitere Publikationen stehen in Aussicht. Träger des Ganzen ist nun Bettina M. Bock.

Im Zusammenhang mit meinem Interesse am Stil standen Nachforschungen zum Stilbegriff in anderen Wissenschaften. Erstaunlich war für mich, dass in den Naturwissenschaften und in der Mathematik der Denkstilbegriff längst zuhause ist. Anknüpfen wollte ich an die Überlegungen Ludwik Flecks, der mit seinen Arbeiten zum Phänomen des Denkstils in den Geisteswissenschaften mittlerweile große Resonanz erfährt.[147] Denkstil ist für ihn durch gemeinsame Probleme, Methoden und Urteile eines Denkkollektivs bestimmt, er ist zeittypisch und kulturell-sozial geprägt – als Denk- und Sprachformen, über die Kollektive in einer bestimmten Zeit verfügen. An diese Vorstellung, meinte ich, müsse anknüpfen, wer sich mit Sprachstil als kulturellem und sozialem Phänomen befasst. Ich fand wichtige Hinweise in Jürgen Schiewes Habilitationsarbeit[148] und war froh, später zu der Arbeitsgruppe von Christiane Andersen und Jürgen Schiewe (Göteborg/Greifswald) zu gehören, die sich mit Fleck unter verschiedenen sprachlichen Aspekten intensiv befasst hat. Ergebnis ist die Monographie „Denkstile in der deutschen Sprachwissenschaft".[149]

Ein sehr befriedigender Teil meiner Vortrags- und Lehrtätigkeit waren Gastaufenthalte, so zum Beispiel an der Universität Zürich (bei Angelika Linke), am Fleck-Zentrum der ETH Zürich, beides verbunden mit von Studenten veranstalteten Workshops und mit Forschungsseminaren, Lehraufenthalte in Graz und Prag,

145 Bock/Fix/Lange (2017).

146 Reihe „Kommunikation – Partizipation – Inklusion". Berlin. Zusammen mit Bettina M. Bock und Nathalie Mälzer.

147 Vor allem: Fleck (1980).

148 Schiewe (1996).

149 Andersen/Fix/Schiewe (2018); Fix (2020a).

Doktorandenseminare bei Nina Janich in Darmstadt, Sommerkurse in Heidelberg, Promotionsverfahren in Turku und anderes mehr. Es ist eine schöne Erfahrung, wie erfüllend und anregend die Arbeit mit Studenten und Nachwuchswissenschaftlern sein kann. Dass ich diese Arbeit nie als Belastung, sondern immer als große Bereicherung empfunden habe, betrachte ich als ein Geschenk.

Sechster Exkurs: Bedrückende Wissenschaftsgeschichte

Im Laufe meiner wissenschaftlichen Arbeit hat sich herausgestellt, dass einige der Wissenschaftler, deren Publikationen ich gelesen habe, für meine Arbeit von ganz besonderer Bedeutung waren. Es sind zum Teil Namen, mit denen man bei einer Sprachwissenschaftlerin nicht rechnen würde, wie zum Beispiel die des Kunsthistorikers, Literaturwissenschaftlers und Vorläufers heutiger Medienwissenschaft Jolles (1874–1946), bei dem ich viele Anregungen zu meiner Beschäftigung mit Gattungen bekommen habe, und des Mediziners, Mikrobiologen und Erkenntnistheoretikers Fleck (1896–1961), dessen Denkstilbegriff mich elektrisiert hat.

Die folgenden Namen sind dagegen eher zu erwarten bei jemandem wie mir, der sich mit Stil und Text aus sprachlicher und semiotischer Perspektive befasst, der den Stilbegriff erweitern möchte und sich um das Zusammengehen von Sprach- und Literaturwissenschaft bemüht und der zudem am historischen Blick auf das eigene Fach interessiert ist. Es geht um Spitzer (1887–1969), Jakobson (1896–1982), Kainz (1897–1977), Mukařovský (1891–1975), Riesel (1906–1989) und Lotman (1922–1993).

Die Namen von Seidel (1906–1981) und Seidel-Slotty (1910–1973) stehen für mein Interesse am Sprachgebrauch in totalitären Systemen. Sie haben meine Arbeiten dazu sehr bald und entscheidend angeregt.

Peter von Polenz spielt für mich eine besondere Rolle. Mit ihm habe ich von Anfang an neben meinem Interesse vor allem an seiner beeindruckenden Sprachgeschichte, die er als Teil der politischen und Sozialgeschichte behandelt hat, ein biographisches Interesse verbunden, kommt er doch aus „meinem" Institut, waren meine Lehrer doch einmal auch seine Lehrer oder seine Kommilitonen und hatten wir doch einen gemeinsamen historisch-politischen Hintergrund – die DDR.

Während der Beschäftigung mit den Arbeiten dieser Wissenschaftler ist mir bewusst geworden, dass nicht nur die Theorien, sondern auch die Lebensläufe dieser mir wichtigen wissenschaftlichen Vorfahren für die Wissenschaftsgeschichte von großer Bedeutung sind. Sie stehen für das schwierige, über weite Strecken katastrophale 20. Jahrhundert. Alle diese Biographien waren – mit einer Ausnahme: Fechner – vom Politischen bestimmt. Zum Teil waren sie tragisch.

Wenn ich von meinem Interesse an diesen wissenschaftlichen Biographien spreche, soll das nicht heißen, dass ich zielgerichtete Studien betrieben und umfangreiche Recherchen angestellt hätte. Ich hatte kein streng wissenschaftliches Ziel, sondern ich war am Menschlichen interessiert. So habe ich, wo immer sie mir zugänglich waren, wissenschaftsgeschichtliche, biographische und autobiographische Texte gelesen, in der Hoffnung etwas über diese Menschen zu erfahren, und habe dabei Neues entdeckt, Gewusstes bestätigt, ergänzt oder korrigiert gefunden und bin auch auf Anekdotisches gestoßen, das vielleicht mehr als jede sachbezogene Darstellung diese Zeit beleuchtet. Am meisten hat mich ein anekdotischer Fund bewegt, in dem es um die Überfahrt Jakobsons aus dem Emigrationsland Schweden in das Emigrationsland USA geht. Darauf komme ich zurück.

Gustav Theodor Fechner (1801–1887)

Fechner zähle ich zu den für mich wichtigsten wissenschaftlichen Anregern. Vor allem seine Ideen zum Ästhetischen haben mich – obwohl heute kaum mehr im wissenschaftlichen Bewusstsein – interessiert, ja fasziniert. Nun fällt Fechner aber aus meinem für diesen Exkurs gewählten Rahmen. Er ist *nicht* im 20. Jahrhundert geboren und hat *kein* politisch bestimmtes Schicksal. Trotz einer Jugend in beschränkten wirtschaftlichen Verhältnissen und späterer schwerer Krankheit hat er ein sicheres und angesehenes Leben führen können. Eigentlich sollte ich ihn hier also nicht nennen. Es ist aber aufschlussreich, sich sein Leben, das trotz aller Probleme der Vorstellung von einem ruhigen Gelehrtenleben entspricht, als Kontrast zum Schicksal meiner anderen wissenschaftlichen Vorfahren anzusehen. Fechner war 1835 an der Universität Leipzig zum Professor berufen, in den Senat aufgenommen und so Beamter auf Lebenszeit geworden. Er war Mitbegründer der „Sächsischen Gesellschaft der Wissenschaften"[150], Ehrendoktor der medizinischen Fakultät und Ehrenbürger Leipzigs, ein in vielerlei Hinsicht angesehener Bürger. Jeder grüßte ihn auf seinen täglichen Spaziergängen im Rosental. Politische Ereignisse haben sein Leben eher am Rande berührt. 1813, also in der Kindheit, erlebte er als Folge der Befreiungskriege in der kleinen Stadt Ranis Durchzüge und Einquartierungen französischer, polnischer und preußischer Truppen.[151] Die Familie scheint davon aber nicht betroffen gewesen zu sein. 1817, also mit 16 Jahren, trifft er zum Studium in Leipzig ein. Spuren der Völkerschlacht von 1813 sind noch sichtbar: zerstörte Mauern und Türme, Gärten und Parks in der Stadt, in ihrem Umfeld verwüstete Vororte und Dörfer. Aber das Geschehen lag zurück und bedurfte keiner Stellungnahme mehr. Ernsthaft politisch wird es erst in der Zeit des Vormärz. Nun waren direkte politische Positionierungen nötig. Wie sein Freundeskreis dachte Fechner zwar sozial und wünschte liberalen Fortschritt, aber er lehnte die demokratische Volksbewegung ab. Er wurde nicht aktiv und unterstützte, was im Freundeskreis zunächst überlegt worden war, die Dresdner Aufständischen vom Mai 1848 nicht. Das wissenschaftliche Leben ging normal weiter:

150 Heute „Sächsische Akademie der Wissenschaften".

151 Ich beziehe mich auf: Arendt (1999).

„Demonstrativ beging zehn Tage nach der Niederwerfung des Dresdener Maiaufstandes die Sächsische Gesellschaft der Wissenschaften mit einer öffentlichen Sitzung den Geburtstag des Königs. Die devote Geste war kein Ruhmesblatt in der Geschichte der Akademie, schrieb später der Hallenser Mediziner Joachim Scharf, fügte aber hinzu, dass die Scharte zum Glück durch das Niveau des Festvortrags ausgewetzt worden sei.“[152]

Den Vortrag hielt Fechner, der über ein mathematisch-naturwissenschaftliches Thema sprach. Man kann vermuten, dass er die politische Peinlichkeit der Devotion, die diese Veranstaltung bedeutete, durch eine exzellente wissenschaftliche Leistung ausgleichen wollte. Das entspräche seinem Denken.

André Jolles (1874–1946)

Das Buch „Einfache Formen. Legende, Sage, Mythe, Rätsel, Spruch, Kasus, Memorabile, Märchen, Witz“ von André Jolles fehlt auch heute noch in kaum einem Schriftenverzeichnis literaturwissenschaftlicher Publikationen, die sich mit Gattungsfragen befassen. Auch in der Sprachwissenschaft, Theologie und Volkskunde fand und findet es Beachtung, wenn es um Text- und Gattungsfragen geht. Es erschien erstmals 1929[153] bei Niemeyer/Halle. Bei Niemeyer/Tübingen hat es viele Nachauflagen erlebt.

Fast wäre das Buch nicht erschienen. Wie man aus Jolles’ Briefen und aus den Berichten seiner Schüler ersehen kann, hat er ständig über Müdigkeit und Erschöpfung geklagt und wohl

152 Arendt (1999: 117).

153 In Heft 2 der Reihe der Veröffentlichungen der Sächsischen Forschungsinstitute in Leipzig – Forschungsinstitut für Neuere Philologie II. Neugermanistische Abteilung unter Leitung von A.H. Korff bei Niemeyer in Halle.

an einer Schreibhemmung gelitten. Wenn nicht seine Schülerin Elisabeth Kutzer und sein Schüler Otto Görner ihre Vorlesungsmitschriften ausgearbeitet, sie Jolles zur Begutachtung und Korrektur vorgelegt und ihn zum Schreiben einer (sehr gelungenen) Einführung gedrängt hätten, wäre das Buch wohl nicht entstanden. Am 24.10.1929 schreibt er seiner Tochter, dass das Buch nun erschienen sei, er aber nicht wisse, ob er eigentlich zufrieden sein könne. Allerdings sei er froh, dass es nun unabhängig von ihm seinen Weg gehen könne.[154]

Ich habe aus dem Buch sehr viel gelernt, zunächst für meine Beschäftigung mit modernen Sagen, Rätseln und Sprüchen[155], mehr noch aber für meine Bestrebungen, eine fundierte Textsortenlinguistik zu entwickeln.[156]

In meinem Studium (1963–1968) war von Jolles, dem Leipziger Professor für flämische und niederländische Literatur und später für vergleichende Literaturgeschichte, keine Rede. So auch nicht davon, dass er, wie das Vorlesungsverzeichnis zeigt, neben literatur- und sprachwissenschaftlichen Lehrveranstaltungen am Institut für Soziologie „Übungen zur Soziologie der Literatur (Tagesereignisse als Literatur)" angeboten hat, an einer Vortragsreihe „Für politische Erziehung" beteiligt war und in der Reihe „Rassen- und Kulturpsychologische Übungen" am Psychologisch-Pädagogischen Institut Seminare zu Märchen und Sagen anbot. Es war auch nie die Rede davon, dass er in den 1930er/1940er Jahren zuständig war für eine Veranstaltungsreihe „Deutsch für Ausländer". Die dafür Verantwortlichen waren die „Akademie zur wissenschaftlichen Erforschung des Deutschtums", kurz „Deutsche Akademie" München, und deren Auslandsstelle in Leipzig. Seit 1926 bot die bereits völkisch ausgerichtete „Deutsche Akademie" allgemeine Sprachkurse für ausländische Studierende sowie um-

154 Jolles (2000: 709).

155 Fix (1994; 1996b; 2000; 2007a).

156 Fix (2013b).

fassendere Sommerakademien vor allem für ausländische Nachwuchsakademiker an. Neben Sprachkursen und Lehrveranstaltungen zur deutschen Kultur im weitesten Sinne umfasste das Programm auch Lehrwanderungen, Führungen und gesellschaftliche Veranstaltungen. Die Nationalsozialisten förderten die Kurse ab 1933 zunächst finanziell, griffen aber auch bald inhaltlich bei der Gestaltung der Veranstaltungen ein.[157]

Über Jolles wurde also geschwiegen. Erst nachdem ich mich schon Jahre mit ihm beschäftigt hatte, stieß ich darauf, dass er in Leipzig gelehrt hat und Mitglied des Instituts war, an dem ich arbeitete. Das Schweigen hing sicher damit zusammen, dass Jolles seit 1933 überaus engagierter Nationalsozialist war, Mitglied der NSDAP, später des SD, des Sicherheitsdienstes und Geheimdienstes der zur NSDAP gehörigen SS. In dessen Auftrag arbeitete er an einer Studie über die Freimaurerei, die der Propaganda gegen die Freimaurer einen wissenschaftlichen Anstrich geben sollte. 1944 erhielt er von Hitler die Goethe-Medaille für Kunst und Wissenschaft verliehen. Zu Personen mit solchen Haltungen wollte man natürlich Distanz halten. Eine unbefangene Betrachtung war in der Nachkriegszeit also schwierig. Ich hätte es aber dennoch für wichtig gehalten, sich mit dieser widersprüchlichen Person auseinanderzusetzen: intelligent, originell, geistig äußerst beweglich und zugleich eitel, verbohrt und bedenkenlos. Seine strenge nationalsozialistische Gesinnung brachte ihn dazu, sich von Familienmitgliedern und von Freunden abzuwenden. Besonders bedrückend ist diese Haltung, wenn man seine vor 1933 geschriebenen klugen und innigen Briefe an die geliebte Tochter Jeltje liest und den Briefwechsel nach dieser Zäsur weiter verfolgt. Die Situation war ab 1933 eine andere, da Jeltje einen jüdischen Ehemann hatte und um ihn und ihren Sohn Leopold fürchten musste. Dazu die

157 *https://www.universitaetsarchiv.uni-muenchen.de/monatsstueck/2017/dezember_2017/index.html*. Letzter Zugriff am 02.02.2022.

folgenden beiden Briefstellen, die nun eine gänzlich andere Vater-Tochter-Beziehung zeigen:

> *„Was den Antisemitismus betrifft, so bin ich der festen Überzeugung, dass er als Programmpunkt unbedingt notwendig war und ist. Es ist aber mit Programmpunkten so, dass nicht immer die gleichen in gleicher Weise betont werden. Und so könnte es sein, dass gerade dieser Punkt von dem Führer in der Zukunft nicht allzu sehr in den Vordergrund gerückt werden wird. Wir müssen das dem Mann überlassen, der, nach meinem Glauben, unser Geschick mit beispielloser Sicherheit lenkt. Aber ich halte es nicht für ausgeschlossen, dass Leopolds Zukunft in Deutschland nicht so aussichtslos ist, dass man nur seinetwegen an Auswanderung denken müsste. Noch einmal: das alles liegt in der Hand eines Menschen, der die Weltgeschichte beherrscht – und weil er sie beherrscht, habe ich nach keiner Richtung einen Augenblick Angst. Was wichtig ist, wird er hochkommen lassen, was unwichtig ist, wird er vernichten – und wenn er es hochkommen lässt, ist es wichtig und wenn er es vernichtet, war es unwichtig.*
> *Küss den Jüngsten auf seine Stupsnase und die anderen, wohin Du willst, liebe Tochter.*
> *Dich küsst Vater.*“[158]

Er folgt damit offensichtlich der Bitte seiner Tochter[159] um Angaben zum Familienstammbaum und geht dann auf ihre Sorgen ein, die ihren jüdischen Ehemann und ihren Sohn betreffen.

158 Brief an seine Tochter H. J. Goldschmidt-Jolles vom 25.11.1933. In: Jolles (2000: 865).

159 Deren Brief liegt nicht vor.

„Sowie die meisten meiner wissenschaftlichen Freunde und sowie meine jüngeren Kinder stehe ich einer neuen Zeit bejahend gegenüber, ich erkenne sie nicht nur an, sondern ich erlebe sie mit leidenschaftlicher Begeisterung. Alle diejenigen, die meine Lebenshaltung in dieser Hinsicht nicht verstehen können oder wollen, werden auf die Dauer die Verbindung mit mir verlieren.“[160]

So ist es auch geschehen. Die Verbindung zu seiner Tochter bricht, soweit es aus den dokumentierten Briefen ersichtlich ist, 1938 ab. Man bekommt bei der Lektüre der darauf folgenden Briefe an andere Familienmitglieder den Eindruck, dass der Abbruch des Briefwechsels mit Jeltje ihn nicht weiter beschäftigt.

Auf einem von ihm im Mai 1945 ausgefüllten Fragebogen zu seiner NS-Vergangenheit ist handschriftlich vermerkt: „is still a nazi – too old (71 years) to be arrested“.[161] André Jolles beging, wie aus Familienbriefen hervorgeht, am 22. Februar 1946 in Leipzig Selbstmord.[162]

Leo Spitzer (1887–1969)[163]

An den Beginn der Vorlesungen, die ich Spitzer widmete, stellte ich in der Regel zwei Zitate. Das erste Zitat:

„Wir wissen jetzt genügend viel Tatsächliches über unsere Kultursprachen und ihre einzelnen Sprachgebräuche, um

160 Brief an seine Tochter H. J. Goldschmidt-Jolles vom 30.09.1936. In: Jolles (2000: 873).

161 *https://de.wikibrief.org/wiki/Andr%C3%A9_Jolles*. Letzter Zugriff am 29.01.2022.

162 *https://saebi.isgv.de/biografie/Andr%C3%A9_Jolles_(1874-1946)*. Letzter Zugriff am 29.01.2022.

163 Im biografischen Teil dieses Abschnitts beziehe ich mich auf Maas (2010: 762 ff.).

dem Sinn sprachlicher Neuerungen großer Sprachgebraucher nachzugehen."[164]

Diese Feststellung war gerichtet an die beiden Disziplinen, die er zusammenbringen wollte, Literatur- und Sprachwissenschaft. Er wandte sich „gegen den Separatismus eines naturwissenschaftlichen Betriebs bei den Linguisten, eines geisteswissenschaftlichen bei den Literaturforschern"[165] und wollte das Interesse auf literarische Texte, die Texte der „großen Sprachgebraucher", lenken. Diese Äußerung gefiel mir in zweierlei Hinsicht: Sie entsprach zum einem meinem Wunsch, die beiden Fächer mögen sich wenigstens bei Fragen der Textanalyse und Textinterpretation zusammentun und voneinander profitieren. Das war zu Spitzers wie zu meiner Zeit ganz und gar nicht selbstverständlich. Und ich fand Spitzers Vorgehen äußerst geschickt, ja listig. Er schmeichelte beiden Disziplinen bzw. beruhigte beide, indem er sinngemäß mitteilt: *Ihr wisst doch genug. Ihr seid doch gut. Ihr schafft das. Lasst euch darauf ein,* um sie so für seine Idee zu gewinnen.

Das zweite Zitat:

„‚Folge mir nicht nach!' sollte als Aufschrift über jedem Lehrgebäude stehen."[166]

Diese ungewöhnliche Aufforderung bringt das Prinzip seines Vorgehens – die werkimmanente Methode – zur Sprache. Dieses besteht ja darin, durch genaue Analyse, durch das „enge Anschmiegen an das sprachliche Detail […] mit methodischem Ernst"[167], durch „Lesen, gründliches Lesen"[168] diesem Ausdrucks-

164 Spitzer (1961: 502).

165 Spitzer (1961: 499).

166 Spitzer (1961: 535).

167 Spitzer (1961: 504).

168 Spitzer (1961: 526).

sinn und dem seelischen Zustand des Künstlers, der „Spiegelung von Seelischem in Sprachlichem“[169], auf die Spur zu kommen. Und dafür gibt es tatsächlich keine Methode, nur das Prinzip, den Text ernst zu nehmen.

Spitzer wurde in Wien geboren, lebte nach seiner Emigration in den USA und ist während eines Aufenthaltes in Italien gestorben. Er war Romanist und Vertreter der allgemeinen und vergleichenden Literaturwissenschaft. Da er umfangreiche Sprachkenntnisse hatte, war er in der Lage, sich mit Texten vieler Kulturen auseinanderzusetzen und so einen außergewöhnlich großen Rezipientenkreis zu erreichen. Er hatte Professuren in Bonn, Marburg und Köln inne. Nachdem er in Köln im April 1933 als jüdischer Wissenschaftler beurlaubt wurde, entschied er sich zu emigrieren. Mit Unterstützung der Schweizer Notgemeinschaft für verfolgte deutsche Wissenschaftler erhielt er 1933 eine Professur in Istanbul. Es war die Zeit, in der Atatürk aufs Westliche ausgerichtete Reformen, auch in den Universitäten, durchsetzte und westliche Wissenschaftler und Techniker ins Land holte. Die mit der Stelle verbundenen Anforderungen entsprachen allerdings nicht Spitzers Erwartungen. Er konnte seine Arbeiten nicht fortsetzen, sondern musste in Istanbul für die zu reformierende Universität eine fremdsprachliche Abteilung (auch als Basis der Lehrerausbildung) aufbauen. Dieser Aufgabe stellte er sich, folgte aber nach drei Jahren gern einem Ruf an die Johns-Hopkins-Universität in Baltimore, die er bis zu seiner Emeritierung 1956 innehatte.

Seine stark an Vossler angelehnten Interpretationen von Wortkunstwerken waren der Versuch, die Einheit von Sprach- und Literaturwissenschaft zu erhalten bzw. wiederherzustellen. Den Ruf der Universität Köln von 1946 auf seinen alten Lehrstuhl nahm er nicht an. Er sah seinen Platz nun in den USA. Allerdings wurde er in der Bundesrepublik der Nachkriegszeit stark rezipiert

169 Spitzer (1961: 501).

und hatte die Gabe, das zu genießen, auch wenn die Rezeption nur einen Teil seines Werkes umfasste.

Die fachliche Situation, in der Spitzer agierte: Zu Ende des 19. und zu Beginn des 20. Jahrhunderts vollzog sich die Entwicklung des sprachwissenschaftlichen und des literaturwissenschaftlichen Positivismus, die eine strikte Trennung der Teildisziplinen mit sich brachte. Obwohl sich beide dem ‚Tatsächlichen', den Fakten zuwenden, führt dies die Teildisziplinen nicht zusammen; denn, so Baasner:[170] „Literaturgeschichte wird zu einer Zusammenfassung der äußeren Gegebenheiten, die zur Entstehung der Werke und ihrer Wirkung geführt haben" und die philologische Gründlichkeit bei der Textherstellung, die es auch innerhalb der Literaturwissenschaft zu verzeichnen gilt, hatte nichts zu tun mit den Bestrebungen der positivistischen Sprachwissenschaft, die mit ihrer naturwissenschaftlich angelegten Detailarbeit die Inhalte zurückstellte. Eine Zusammenarbeit zwischen den beiden Vorgehensweisen war so nicht zu erwarten.

Dagegen standen allerdings Forderungen an das Zusammengehen der Disziplinen aus didaktischen und sachbezogenen Gründen, so etwa vom Autor des Studienführers „Deutsche Sprache und Literatur. Studium, Examen, Beruf" Hermann Ammon.[171] Er stellte dezidiert fest, dass der „wissenschaftliche Charakter" des Germanistikstudiums vor allem „in der unauflöslichen Verbindung von deutscher Sprache und deutscher Literatur" liege. Beide seien so untrennbar verbunden „wie Farbe und Malerei, Meißel und Bildhauerkunst, Ton und Musik".

Spitzer wendet sich gegen den naturwissenschaftlich inspirierten, von ihm als „metaphysisch" bezeichneten Positivismus (nicht jedoch gegen positivistische Methoden) und sucht mit Bezug auf Vossler und Croce eine Verbindung zwischen der sprachlichen Form und dem Kunstwerk als Ganzem. „Sprache ist vor allem

170 Baasner (1996: 48).

171 Ammon (1930: 2).

Mitteilung, Kunst vor allem Ausdruck, Sprache vor allem sozial, Kunst individualistisch."[172] Solange die Literaturwissenschaft sich nicht von Sprache gelöst habe, das heißt: solange sie am Stil des Kunstwerks interessiert sei, bleibe die Brücke zur Sprachwissenschaft, die im Spitzerschen Sinne in erster Linie Stilistik ist, immer bestehen. Solange am „grammatisch-historischen Panzer der Linguisten […] die leichten schwebenden Effekte künstlerischer Wortformung nicht [abprallen]"[173], solange sie also die kreative sprachliche Leistung zur Kenntnis nehmen, haben sie die Brücke zur Literaturwissenschaft nicht abgebrochen.

Zu der Fülle brillanter Analysen literarischer Texte kommt die semiotische Analyse eines Werbetextes, die Spitzer unter dem Titel „Amerikanische Werbung – verstanden als populäre Kunst"[174] veröffentlichte. Diese exzellente Studie wurde, soweit ich sehe, zumindest in der deutschen Sprachwissenschaft nicht beachtet. Aus meiner Sicht hätte sie das Startsignal für eine semiotische Stilistik sein können.

Ludwik Fleck (1896–1961)

Der Begriff des ‚Denkstils' wurde 1935 als wissenschaftliche Kategorie eingeführt und hat in der Gegenwart Karriere gemacht. Er stammt von dem polnischen Biologen, Mediziner und Wissenschaftstheoretiker Ludwik Fleck. Fleck wurde 1896 in Lemberg geboren. Der Geburtsort war für seinen Lebensweg nicht ohne Bedeutung. Lemberg gehörte zu den Städten, die von Werner als „Laboratorien der Moderne", als „Orte des Wissens" in Mittel-

172 Spitzer (1961: 502).

173 Spitzer (1961: 498).

174 In: Spitzer (1966: 79–99).

und Osteuropa[175] bezeichnet werden. Zur Zeit Flecks herrschte in Lemberg ein ausgesprochen interdisziplinäres Klima. Die Beziehungen nach Wien – auch die kulturellen und wissenschaftlichen – waren eng. Die in Grenzen gewährte kulturelle Autonomie des k.u.k.-Reiches mit seiner Multikulturalität wirkte sich positiv aus. Flecks Theorie des Denkstils, die heute noch bzw. heute erst die wissenschaftlichen Gemüter von Natur- wie Geisteswissenschaftlern bewegt, ist auch mit dem interdisziplinären Nährboden Lembergs zu erklären.

Sein Hauptwerk „Entstehung und Entwicklung einer wissenschaftlichen Tatsache. Einführung in die Lehre von Denkstil und Denkkollektiv" erschien 1935 in Basel. Die Kernidee des Werkes ist: „Wissenschaft ist [...] kein formales Konstrukt, sondern wesentlich eine Tätigkeit, veranstaltet von Forschergemeinschaften"[176]. Mit dieser Tätigkeit bzw. durch sie wird jeweils ein kollektiver Denkstil entwickelt. Dies ist der zentrale Gedanke der Fleckschen Theorie, der mein Interesse geweckt hat. Immer schon hatte ich darüber nachgedacht, dass der sprachliche Stil eine Entsprechung oder Voraussetzung im Denken haben müsse.

Da das Buch der politischen Umstände wegen in der Schweiz verlegt werden musste und in der Wissenschaftlergemeinde während des zweiten Weltkriegs keine Resonanz mehr finden konnte, blieben Flecks Ideen unbeachtet. Auch nach 1945 erregte es noch keine Aufmerksamkeit – wohl wegen der Tatsache, dass seine eigentlichen Leser verschwunden, nämlich emigriert waren oder umgebracht worden sind.

Später hat das Buch aber doch gewirkt. Immer wenn man an die Rezeption Flecks denkt, stellt sich der Gedanke an den ‚Paradigma'-Begriff Thomas S. Kuhns ein. Kuhns Buch „The Structure

175 Werner geht es damit darum, die übliche Blickrichtung auf die europäische wissenschaftliche Moderne zu ändern bzw. zu erweitern (s. Stiegler/Werner (2016: 8 f.).

176 Schäfer/Schnelle (1980: VIII).

of Scientific Revolutions“ erschien 1962, also nach Flecks Tod, in Chicago. Kuhn bezieht sich im Vorwort ausdrücklich auf Fleck, der vieles, was er nun beschreiben werde, vorweggenommen habe.

Seit 1980 liegt der Text – textidentisch mit der Schweizer Ausgabe – wieder vor, klug kommentiert von Lothar Schäfer und Thomas Schnelle.

Flecks Schicksal war schwer und wechselhaft. Einige Etappen seines bewegten Lebens werden hier stichwortartig und verkürzt angegeben:

1914	Beginn des Medizinstudiums in Lemberg. Unterbrechung durch den ersten Weltkrieg, im Militärdienst als Arzt eingesetzt, ab 1920 bereits im Bereich der Bakteriologie tätig
1920	Promotion
1923	Gründung eines privaten bakteriologischen Laboratoriums
bis 1925	Leitung des bakteriologischen Laboratoriums der örtlichen Krankenkasse
bis 1927	Leitung des bakteriologisch-chemischen Labors des Allgemeinen Krankenhauses Lemberg
ab 1935	Fleck arbeitet ausschließlich in dem von ihm selbst gegründeten Labor.
1939	Fleck kann für kurze Zeit an die Universität zurückkehren.
1941	Deutsche Okkupation: Fleck wird mit seiner Familie ins Ghetto gezwungen und ist Leiter des chemisch-bakteriologischen Labors im Jüdischen Krankenhaus. Unter schwierigen Bedingungen entwickelt er mit seinen Kollegen ein Verfahren zur Herstellung von Fleckfieberimpfstoff.

1943 Fleck wird mit seiner Familie in das Konzentrationslager Auschwitz deportiert. Er wird dort eingesetzt als Leiter des serologischen Labors.

1944 Fleck wird in das Konzentrationslager Buchenwald deportiert und dort bis zur Befreiung im April 1945 gezwungen, Forschungen zu einem Fleckfieber-Impfstoff für die Waffen-SS durchzuführen. Er ist beteiligt an einer Sabotage-Aktion: Er lieferte bewusst unwirksamen Impfstoff an die SS und behielt wirksamen Impfstoff lediglich für die an Mithäftlingen durchgeführten Kontrollen.

1945 Nach dem Krieg außerordentlich erfolgreiche wissenschaftliche Karriere in Polen (Lublin, Wrocław, Warschau)

1946 Habilitation, außerordentliche Professur, ordentliche Professur, Mitglied der polnischen Akademie der Wissenschaften, später Mitglied des Präsidiums der Akademie. Internationale wissenschaftliche Anerkennung.

1948 Sachverständiger im IG-Farben-Prozess in Nürnberg

1956 Übersiedlung nach Israel (Nes Ziona/Nīs Tsiyūnā). Fortsetzung seiner wissenschaftlichen Arbeit in kleinerem Maßstab. Krankheit.

1961 Tod. Als verfolgter Jude ist er spät und vor allem um des Sohnes willen, der dort lebte, nach Israel übergesiedelt. Er ist in diesem Land, von schwerer Krankheit geplagt und das Hebräische nur unvollständig beherrschend, nicht heimisch geworden.

Zu seiner Forschung: Fleck war Mediziner, er arbeitete auf dem Gebiet der Mikrobiologie und Serologie und auch als Wissenschaftstheoretiker. Aus der Beobachtung seiner eigenen Forschungstätigkeit, vor allem im Labor, in den jeweiligen Wissenschaftlergruppen, mit denen er gearbeitet hat, kam er zu der „These, dass jede wissenschaftliche Tatsache ein historisch und kulturell bedingtes Phänomen sei und nicht einfach vorliegt, sondern sich aus unterschiedlichen […] Diskursen ergibt". Der wissenschaftlichen Tatsache „liegt die Erkenntnis zugrunde, dass sie nicht ein Werk einzelner Forscher, sondern Produkt von Denkkollektiven ist"[177].

Ein solches Denkkollektiv wird durch einen Denkstil zusammengehalten, der von Fleck als „gerichtetes Wahrnehmen, mit entsprechendem gedanklichen und sachlichen Verarbeiten des Wahrgenommenen"[178] definiert wird. Der Denkstil lege fest, so Fleck, was innerhalb des Kollektivs als wissenschaftliches Problem, evidentes Urteil oder angemessene Methode gelte. Das sind die Kernsätze, an die heutige Forscher anknüpfen.

Soweit es meine Recherchen ergeben haben, existiert kein Denkmal für Fleck in Lemberg. Sein Name ist auch nicht auf der langen Liste von Persönlichkeiten der Stadt, wie sie Wikipedia aufzeichnet,[179] zu finden. Ein Denkmal aber, wie er es sich nicht besser hätte wünschen können, gibt es für ihn: das „Ludwik Fleck Zentrum" in Zürich als Teil des Collegium Helveticum. Ausschlaggebend für die Gründung dieses Zentrums war das Bestreben, Flecks Nachlass allen daran Interessierten langfristig zugänglich zu machen. Zum Grundbestand des „Ludwik Fleck Zentrums" gehören neben anderem vor allem die Dokumente aus dem Nachlass Flecks. Es ist Ort der Dokumentation und Ort der Begegnung von Wissenschaftlern, die im Sinne Flecks forschen.

177 Choluj/Joerden (2007: 12).

178 Fleck (1980: 130).

179 *https://de.wikipedia.org/wiki/Liste_von_Pers%C3%B6nlichkeiten_der_Stadt_Lwiw#1921_ bis_1930*. Letzter Zugriff am 29.01.2022.

Roman Jakobson (1896–1982)

Jakobsons überragende internationale Bedeutung für die Geisteswissenschaften des 20. Jahrhunderts ist bekannt. Er ist einer der wichtigsten Vertreter der strukturalistischen Sprach- und Literaturwissenschaft und hat weit über diese Fächer hinaus gewirkt. Um zu verstehen, welchen Verlust seine Emigration für Russland und ganz Europa bedeutete, muss man sich neben der Hochachtung vor seinen wissenschaftlichen Leistungen bewusst machen, dass er wie die Dichter Boris Pasternak, Osip Mandelstam, Wladimir Majakowski, Velimir Chlebnikov und Anna Achmatova und wie die Literaturwissenschaftler Viktor Schlowskij, Jurij Tynjanow und Michael Bachtin zu der ungeheuer anregenden, radikalen russischen Generation gehörte, die alles neu denken und so auch Kunst und Wissenschaft miteinander verbinden wollte. Wir lesen ihre Werke immer noch mit Bewunderung und verfolgen ihre Ideen wie auch die ihrer Schüler (z. B. Lotman) und Nachfolger weiter. Auf die mich immer beschäftigende Frage, was eine sprachliche Mitteilung zum Kunstwerk mache, hat Jakobson die Antworten gegeben. Er war Mitbegründer des Prager Linguistenkreises (1926) und erhielt 1933 eine Professur in Brünn. Beim Einmarsch der Deutschen 1939 ging er in die Emigration, die ihn nach Dänemark, Norwegen und Schweden führte. 1941 schließlich folgte er einem Ruf in die USA, wo er an mehreren Universitäten lehrte, hervorzuheben sind Columbia University, Harvard University und Massachusetts Institute of Technology. Bis zu seinem Tod fühlte er sich als Russe. Sein Grabstein trägt die Aufschrift:

> ROMAN JAKOBSON.
> RUSSKIJ FILOLOG

Es folgen zwei Anekdoten. Die erste:

Richten Sie Ihren Blick auf Göteborg im Jahr 1941. Am 20. Mai startete dort das letzte Schiff, das Emigranten aus Schweden in die USA bringen sollte. Auf diesem Schiff, einem kleinen schwedischen Frachtdampfer, befanden sich in Begleitung ihrer Frauen zwei Koryphäen der europäischen Geistesgeschichte – der deutsche Philosoph Ernst Cassirer und der russische Linguist Roman Jakobson, beides Juden. Sie hatten sich vorher nie gesehen. Cassirers Frau Toni berichtet in ihrem Erinnerungsbuch:

> „*Jakobson* [...] *stellte sich Ernst vor und berichtete, dass er Linguist von Beruf und ein großer Bewunderer seiner Schriften sei. Er war glücklich, ihn so unerwartet zu treffen, und es dauerte keine Viertelstunde und die beiden fanden sich in ein wissenschaftliches Gespräch vertieft. Das Gespräch dauerte – freilich mit Unterbrechungen – fast die ganzen vierzehn Tage der Überfahrt* [...]. *Ob es stürmte oder nicht, ob die Minen vor uns tanzten oder nicht, ob die Kriegsnachrichten böse waren oder günstig – die beiden Gelehrten sprachen über ihre Sprachprobleme mit größtem Eifer.*“[180]

Das Schiff sollte nie wieder Emigranten transportieren. Seine nächste Fahrt endete damit, dass die Deutschen es torpedierten und versenkten. Die Besatzung konnte gerettet werden.

Die zweite Anekdote:

Noch einmal zwei Geistesgrößen, das Wasser und die Gefahr: Roman Jakobson war in den 50er und 60er Jahren mehrmals bei Wolfgang Steinitz in Ostberlin zu Gast. Die beiden waren seit ihrer Emigrationszeit in Schweden miteinander befreundet. Renate Steinitz, die Tochter von Wolfgang Steinitz, erinnert sich daran, dass ihr Vater und Jakobson im flachen Wasser am Rand eines

180 Cassirer (2003: 284 ff.).

Sees in der Nähe ihres Hauses stehen und ins Gespräch vertieft sind. Sie vermutet, die beiden haben im Eifer des Gesprächs das Baden vergessen. Hans Joachim Schädlich, ihr damaliger Ehemann, bezweifelt das: Sie hätten keine Badehosen angehabt, sondern in Straßenkleidung mit hochgekrempelten Hosen im Wasser gestanden, also kein Bad geplant. Das hätten sie getan, damit die Richtmikrofone der Stasi sie nicht hören könnten.

Wären sie tatsächlich belauscht worden, so wäre das wieder gefährlich gewesen – wenngleich nicht so gefährlich, wie es bei der von Toni Cassirer beschriebenen Überfahrt nach Amerika der Fall war.

Warum gebe ich die erste Anekdote wieder? Als ich Toni Cassirers Bericht gelesen habe, war ich wieder einmal überrascht, welche Zufälle ein Leben begleiten können. Ausgerechnet diese beiden Menschen werden in ausgerechnet dieser Situation zusammengeführt. Und sie sind imstande, etwas daraus zu machen. Und ich habe wieder einmal überlegt, warum es den Nationalsozialisten offenbar nicht genügte, Geistesgrößen, die ihnen ihrer Ansicht nach gefährlich werden konnten, zum Schweigen zu bringen. Selbst als diese Menschen längst schwiegen und damit ihrer Existenz beraubt waren, als sie Europa verlassen wollten und so keine „Gefahr" mehr darstellten, wurde ihr Leben bedroht. Toni Cassirer schildert die beängstigende Situation der Passkontrolle durch die Deutschen auf dem Schiff. Es wurde kein Aufwand gescheut, auch dieser Menschen habhaft zu werden. Warum? Das macht mir wieder einmal eine Dimension der nationalsozialistischen Ideologie deutlich, für die mir immer noch die begriffliche Einordnung fehlt. Waren die Motive Hass oder Bürokratie, Minderwertigkeitsgefühl oder Machtausübung, Sadismus oder Ordnungssinn? Oder alles das?

Die zweite Anekdote,[181] im Vergleich eine harmlosere, fast komische Geschichte, belegt, zumindest im Verständnis Schädlichs, dass die Gefahr totalitärer Herrschaft nicht vorbei war. Sie droht auch in dem neuen deutschen Staat der Arbeiter und Bauern, der sich „die allseitige freie Entwicklung des Individuums in der Gemeinschaft und die Betätigung aller seiner schöpferischen Fähigkeiten"[182] auf die Fahnen geschrieben hatte.

Friedrich Kainz (1897–1977)

Ich konnte nie verstehen, warum das bedeutende Werk des Sprachphilosophen und Sprachpsychologen Friedrich Kainz in den jeweils aktuellen Debatten um psychologische Fragen im Allgemeinen und um Fragen des Ästhetischen, die ich während meiner Forschungsarbeit verfolgt habe, im Besonderen kaum eine Rolle gespielt hat. Aus meiner Sicht stellt die „Psychologie der Sprache" auch heute noch ein ungeheures Angebot an weiterführenden Ideen und interdisziplinären Überlegungen dar. In Kainz' Vorwort zum ersten Band, das sich auf das Gesamtvorhaben bezieht, heißt es programmatisch:

> *„Dabei wurde Bedacht genommen, die hier vorzutragende Sprachpsychologie mit allen in Betracht kommenden Nachbarwissenschaften und Grundlagendisziplinen in engste Verbindung zu setzen: nicht nur mit sämtlichen Richtungen und Teilgebieten der allgemeinen Psychologie sowie mit der allgemeinen und geschichtlichen Sprachwissenschaft, der Linguistik und Philologie, sondern auch mit Ethnologie, Kulturkunde, Gesellschaftslehre, Anthropologie* [...]."[183]

181 Leo (2005: 348f.).

182 *Kleines politisches Wörterbuch* (1978: 577).

183 Kainz ([4]1967: IV).

Mit dieser Aufzählung war es noch nicht getan. Viele Disziplinen, auch Neurologie und Psychiatrie folgten in seiner Darstellung. Im Vergleich zur klassischen Sprachpsychologie eröffne, sagt er, sein Weg des Heranziehens von Erkenntnissen aus den Grundlagenwissenschaften neue und verheißungsvolle Forschungswege.

In seiner fünfbändigen *Psychologie der Sprache* geht es im ersten Band neben vielem anderen um Grundlagen der Sprachpsychologie, um den Zeichencharakter der Sprache, das Verhältnis von Sprache und Anschauung sowie von Sprache und Denken und um die sekundären – die ethischen und ästhetischen – Sprachfunktionen. Letzteres war für mein Anliegen besonders interessant. Unter der Überschrift „Vergessene Bücher" schreibt Frank-Peter Hansen:

> *„Kainz ist ein Polyhistor, wie es nur wenige gibt. Sein Kenntnisreichtum toter und lebender Sprachen ist immens. Die einschlägige Forschungsliteratur ist ihm über die Kontinente hinweg geläufig* [Er befindet] *sich auf dem jeweiligen Forschungsstand und* [trägt] *Entscheidendes dazu bei, ihn mindestens ein Stück weit voranzutreiben."*[184]

Mir ist bewusst, dass manches heute neu bewertet werden muss, etwa die Ausführungen zu Volksgeist und Volkscharakter, Nationalstil der Sprachen und Sprache und Weltbild. Auch wenn manches überholt sein sollte, „völkisch" gemeint ist es, wie die Lektüre zeigt, nicht. Der Verdacht, Kainz habe nationalsozialistisch gedacht, wird von Gelbmann, der sich mit seinem Werk gründlich befasst hat, entschieden zurückgewiesen.[185] Allenfalls könne man in der Tatsache, dass er mehrere Anträge auf Auf-

184 *https://www.kultur-port.de/kolumne/meinung/16697-die-un-gelesenen-buecher-psychologie-der-sprache-von-friedrich-kainz.html.* Letzter Zugriff am 29.01.2022.

185 Gelbmann (2004).

nahme in die NSDAP gestellt hat (die aber alle abgelehnt worden sind) eine gewisse Anpassung sehen.

So bin ich zusammen mit anderen Autoren ratlos bei der Frage, warum Kainz nach dem Krieg erstaunlich wenig wahrgenommen wurde und sein Werk nicht die Aufmerksamkeit erfahren hat, die es verdient.[186] Es bleibt die Überlegung, ob eine vermutete Nähe zu den Nationalsozialisten der Grund gewesen sein kann. Hielt man sich nach 1945 abseits, nahm man Kainz' Schriften nicht zur Kenntnis, weil man sich nicht dem Verdacht der Nähe zu nationalsozialistischem Denken aussetzen wollte, mit der Folge, dass seine Leistungen in Vergessenheit gerieten? Es bleibt offen.

Elise Riesel (1906–1989)

Vom 25. bis zum 27. November 2021 fand (im Online-Format) in Smolensk die 19. Tagung des Russischen Germanistenverbandes statt. Zum Programm gehörte ein Runder Tisch zum Thema „Das heuristische Potential der Stilistik von Elise Riesel", der aus Anlass ihres 115. Geburtstages veranstaltet wurde. Literatur- und Sprachwissenschaftler waren beteiligt. Ich bin der Einladung gern gefolgt, weil mich die Funktionalstilistik Riesels beeindruckt und angeregt hat und ich an einem Austausch über diese bedeutende Persönlichkeit sehr interessiert war. Besonders viel versprach ich mir davon, dass zwei ihrer Schülerinnen, Natalia Troshina und Galina Fadeeva, für die Veranstaltung verantwortlich waren. Sie würden sicher etwas beisteuern, was mir neu sein würde. Der Runde Tisch erfüllte meine Erwartungen. Es gab ein angeregtes Gespräch über Riesels Leistungen und daraus abgeleitet Ausblicke auf das, was künftig auf ihrem Gebiet zu tun sein würde.

186 *https://www.kultur-port.de/kolumne/meinung/16697-die-un-gelesenen-buecher-psychologie-der-sprache-von-friedrich-kainz.html.* Letzter Zugriff am 29.01.2022.

Mein Thema lautete: „Radikales Umdenken in der Stilistik: Elise Riesels funktionaler, sozialer, pragmatischer Stilbegriff". Ich betonte das Neue, das die Etablierung der funktionalstilistischen Betrachtung damals bedeutete, und dessen gegenwärtige Bedeutung.

Wer war die Frau, die ihr damals außergewöhnliches Konzept in den 50er, 60er und 70er Jahren in der Sowjetunion entwickelte?

Elise Riesel wurde 1906 in Wien in einer jüdischen Familie als Tochter eines Arztes und einer Musiklehrerin geboren. Sie studierte Germanistik und absolvierte eine Lehramtsausbildung. 1930 wurde sie promoviert. Zunächst arbeitete sie als Lehrerin an einer Volksschule, dann an einem Wiener Gymnasium. Als Kommunisten sahen sie und ihr Mann sich gezwungen, in die Sowjetunion zu emigrieren, wo sie als politische Emigranten anerkannt wurden. Beide unterrichteten 1934 und 1935 an der Moskauer „Karl-Liebknecht-Schule", einer damals und auch danach als legendär geltenden deutschsprachigen Schule für Kinder politischer Emigranten. Wie alle nationalsprachlichen Schulen wurde auch diese 1938 auf Parteibeschluss hin aufgelöst – vor dem Hintergrund der großen Moskauer Schauprozesse und vieler Verhaftungen, die auch Lehrer und Schüler sowie deren Eltern betrafen. Danach hat Riesel einen Lehrstuhl für Germanistik an der Pädagogischen Hochschule Jekaterinburg inne und schließlich bis 1945 einen Dozentur an der Lomonossow-Universität. 1945 geht sie zurück nach Wien, unterrichtet für kurze Zeit an der Universität und arbeitet auch im Bundesministerium für Unterricht. Bereits nach zwei Jahren kehrt sie aber nach Moskau zurück. Grund ist wohl, dass sie in einer Gesellschaft wie der österreichischen, die noch vom Nationalsozialismus und Antisemitismus geprägt war, als Kommunistin und Stalinistin (die sie nicht war) verschrien war. Mit ihrer Rückkehr 1947 erhielt sie eine Professur für Germanistik und Stilistik an der Pädagogischen Hochschule für Fremdsprachen in Moskau. Angesichts der Fülle und Bedeutung ihrer Veröffentlichungen kann man diese Zeit wohl als die produktivste Phase ihrer wissenschaftlichen Arbeit betrachten. Auslandskontakte waren ihr möglich. Sie war oft in der DDR, aber auch in der Bundesrepublik, wo sie Gast im Institut für Deutsche Sprache war. Die Bewegungsfreiheit ausländischer Gäste in der DDR war eingeschränkt. Umso mehr berührt es mich, dass sie in ein an Georg Möller geschicktes Exemplar von „Der Stil der deutschen Alltagsrede" schrieb:

> *„Georg Möller in freundlichem Gedenken an den schönen Tag in der Sächsischen Schweiz und unsere netten Gespräche im Stil der Alltagsrede. Moskau 10.0.1969."*[187]

Wenn ich an Riesels Schicksal denke, gehen mir zwei Dinge nahe: ihre Sehnsucht nach Wien und ihr Schuldgefühl. Am Ende des Runden Tisches erzählten ihre Schülerinnen, dass Riesel das Lied „Wien, Wien, nur du allein …" bis zum Ende ihres Lebens besonders geliebt habe, und sie spielen eine alte Aufnahme des Liedes ab. Während ich sie höre, denke ich darüber nach, wie es gewesen sein muss, nach der gescheiterten Rückkehr nach Wien die Heimatstadt ganz aufgeben zu müssen. Sicher ist es Riesel in Moskau nicht schlecht gegangen. Die Tatsache der Berufung auf eine Professur nach ihrer Rückkehr und die Fülle ihrer Publikationen zeigt das. Etwas aber macht ihr zeitlebens zu schaffen, nämlich dass sie vom stalinistischen Terror verschont geblieben ist. Sie sagt es einmal ihren Schülerinnen:

> *„Ich fühle mich schuldig gegenüber den Menschen, die in jenen schrecklichen Jahren in den Abgrund getrieben wurden: ich aber wurde nicht verhaftet. Ich kann weder mir selbst noch den Menschen meiner Umgebung darauf antworten, warum dieser bittere Kelch an mir vorbeiging."*[188]

187 Das Buchexemplar ist aus dem Nachlass Möllers an mich gekommen.

188 Mussijenko/Vatlin (2005: 180).

Solche Äußerungen kennen wir von Überlebenden aus den Konzentrationslagern.

Ich lese das betroffen vor dem Hintergrund einer nur aus der Zeit des Stalin-Terrorismus zu verstehenden, resigniert wirkenden Bemerkung von Lotman. Auf die Mitteilung eines Freundes, dass die Juden nun auch bedroht und verhaftet werden, sagt der noch sehr junge Mann: „I completely didn't understand, why he was so shaken; all kinds of people got arrested in those days".[189]

Eugen Seidel (1906–1981) und Ingeborg Seidel-Slotty (1910–1973)[190]

Eugen Seidel begann 1928 ein Studium der vergleichenden Sprachwissenschaft, Germanistik, Romanistik und Slawistik, das er in Jena, Prag und Königsberg absolvierte. 1933 legte er in Jena das Staatsexamen ab und ging daraufhin in den Schuldienst. Im gleichen Jahr promovierte er in Jena, wo er bereits seit 1932 lehrte. Als Gegner des Nationalsozialismus emigrierte er mit seiner Frau Ingeborg Seidel-Slotty nach Prag, wo deren Vater Friedrich Slotty eine Professur innehatte. Ingeborg Seidel-Slotty hatte nach dem Abitur vergleichende Sprachwissenschaft und Germanistik in Jena, München, Prag und Breslau studiert, wo sie 1935 promovierte.

Bis zur Besetzung der Tschechoslowakei 1938 lebten beide in Prag von Gelegenheitsarbeiten, waren gleichzeitig aber auch im Prager linguistischen Zirkel aktiv. Nach der Okkupation emigrierten sie nach Rumänien, wo sie, meist von Übersetzungen und Sprachunterricht lebend, unter dem dortigen faschistischen System und unter der Gestapo zu leiden hatten. 1944 wurden sie

189 Lotman (2014: 58).

190 Ich stütze mich bei der Darstellung von Seidel-Slotty und Seidel auf Maas (2010).

nach der Befreiung als Deutsche interniert, aber auf Betreiben Alexandru Rosettis, des Leiters der Rumänischen Akademie, freigelassen. Danach konnte Eugen Seidel wieder wissenschaftlich tätig werden. Er war Professor für Allgemeine Sprachwissenschaft in Bukarest, hatte eine Professur in Cluj (Klausenburg) und war von 1950 bis 1955 Direktor der Sektion für Philologie an der Rumänischen Akademie der Wissenschaft.

1955 übersiedelte das Ehepaar in die DDR, wo Seidel an der Humboldt-Universität in Berlin eine Professur für Vergleichende Sprachwissenschaft erhielt. Auch nach der Emeritierung 1971 lehrte er weiter – an der Humboldt-Universität und in Rostock und Greifswald. Die Arbeitsgegenstände reichten jetzt vom Deutschen über die slawischen Sprachen bis zum Rumänischen. Es bleibt unklar, ob Ingeborg Seidel-Slotty in der DDR eine akademische Tätigkeit ausgeübt hat. Jedenfalls war sie übersetzerisch und herausgeberisch tätig. So hat sie die „Einführung in die Sprachwissenschaft" von A. Graur übersetzt und 1974 beim Akademie Verlag herausgegeben.

Mit einer Ausnahme ist sowohl von seinen als auch von ihren Veröffentlichungen heute keine mehr im Bewusstsein. Diese Ausnahme ist allerdings bedeutsam. Es handelt sich um das gemeinsam verfasste Buch „Sprachwandel im Dritten Reich". Dieses Buch beruht auf Belegmaterial zum Sprachgebrauch im „Dritten Reich", das sie bereits in Prag gesammelt und im Prager Linguistenkreis vorgetragen hatten. Es wird eine systematische und – für die damaligen Möglichkeiten erstaunlich umfassende – Bestandsaufnahme und Einordnung des Sprachgebrauchs im „Dritten Reich" geliefert. Die beiden Autoren kommen zu dem Schluss, dass die Sprache nivelliert worden sei und zwar durch alle Tätigkeitsbereiche (Propagandareden, Zeitungstexte, wissenschaftliche Texte und private Reden) hindurch. Mit ihrer ganzheitlichen Betrachtung, die durch eine Stilanalyse Züge des nationalsozialistischen Sprechens in allen Bereichen der Gesellschaft feststellt, liefern sie auch eine Vorgabe für die Auseinandersetzung mit der Sprache der DDR. Leider wird das Buch, obwohl Fachleuten bekannt, zu wenig wahrgenommen. Aus meiner Sicht ist es für die weitere Beschäftigung mit Sprache in totalitären Systemen unentbehrlich.

Jan Mukařovský (1891–1975) und Jurij Lotman (1922–1993)

Dieser Doppelüberblick muss unproportional ausfallen. Während ich zu Lotman viel zu sagen habe, ist mein Wissen über Mukařovský sehr begrenzt. So stelle ich das wenige, was ich zu Mukařovskýs Situation in Prag im Zusammenhang mit meiner Fragestellung weiß, gleich an den Anfang. Fachlich behandle ich ihn zunächst gemeinsam mit Lotman.

Aus dem Prager und russischen Strukturalismus heraus entwickelte sich ein strukturalistisch-semiotischer Ansatz, für den Mukařovský[191] und Lotman[192] als wichtigste Vertreter stehen. Ich gehe auf das ihnen Gemeinsame ein. Sie bezogen bei Textbetrachtungen und Textrezeptionen das Kulturelle dezidiert ein. Die Vorstellung von Kultur als hierarchisch organisiertem Zeichensystem hatte die Untersuchung der „sekundären Systeme" – also auch von Kunst- und Sprachwissenschaft – zur Folge. An die Zeichen sahen die Autoren kulturelle Bedeutung und sozialen Wert gebunden, sodass der Text und dessen Verstehen nicht auf Sprachliches reduziert werden können. Die funktionale Korrelation der verschiedenen Zeichensysteme, deren Abgrenzbarkeit und deren Bezüge sind demnach in der Zusammenarbeit von beiden Seiten, der Literatur- und der Sprachwissenschaft, zu erschließen.

191 Mukařovský (1970).

192 Lotman (1972a; 1972b).

Jan Mukařovský

Mukařovský studierte an der Universität Prag und war anschließend als Gymnasiallehrer tätig. Er war Mitbegründer des 1926 ins Leben gerufenen Prager Linguistenkreises und befreundet mit Roman Jakobson. 1929 habilitierte er sich zu einem Thema aus dem Bereich der Ästhetik. Im Zusammenhang mit dem Linguistenkreis entwickelte er seine strukturalistisch-semiotischen Ideen und ästhetischen Überlegungen zur „Kunst als semiotischem Faktum".[193] Nach einer Professur in Brünn erhielt er eine außerordentliche Professur in Prag, die 1948 in eine ordentliche Professur umgewandelt wurde. Im selben Jahr wurde er Rektor der Karls-Universität, ab 1951 war er Direktor des Instituts für tschechische Literatur der Tschechoslowakischen Akademie der Wissenschaften. Er hatte sich nach dem Ende des Zweiten Weltkrieges zur kommunistischen Partei bekannt, was bedeutete, dass er de facto seine strukturalistische Theorie widerrief. Der Strukturalismus muss in der damaligen ČSSR bereits in diesen Jahren als „westlich" gegolten haben. Die Arbeiten, die Suhrkamp 1967 und 1970 verlegte, „Kapitel aus der Poetik" und „Kapitel aus der Ästhetik" beziehen sich auf Veröffentlichungen aus der Vorkriegszeit und auf einen 1948 (trotz Widerruf doch noch) erschienenen Band „Kapitoly z české poetiky".

Jurij Lotman

Der Sohn einer Leningrader jüdischen Intellektuellenfamilie war ein erfolgreicher Schüler und ausgezeichneter Student, unter anderem bei Jakobson und Propp. Sein Studium der Philologie in Leningrad wurde durch den Krieg unterbrochen. 1940 als Funker eingezogen, kehrte er erst 1946 zurück. Er nahm sein Studium sofort wieder auf. 1950 erhielt er das Diplom mit dem Prädikat Auszeichnung. Nun begann sein Dilemma. Es gelang ihm nicht, eine Arbeitsstelle zu bekommen. Er wurde vertröstet, wegge-

193 Mukařovský (1967; 1970).

schickt, belogen. Keine der Türen, an die er klopfte, öffnete sich. In seinem Bericht in „Non-Memoirs“[194] wird deutlich, dass er damals hinsichtlich der politischen Situation naiv war. Er hatte die Judenfeindlichkeit der Zeit, die antisemitische Kampagne Stalins (1948–1953) nicht in ihrer Tragweite begriffen. Das zeigen folgende Zitate: „I spent whole days in the stacks of the Public Library. And meanwhile, things were moving quickly and very threateningly. A campaign against cosmopolitanism was launche.“[195] Mordovchenko, ein Freund, klärt ihn über die Situation auf:

> *„Lowering his voice, although this conversation took place inside his apartment, he told me that in Moscow the Jewish Antifascist Committee had been arrested. I completely didn't understand, why he was so shaken; all kinds of people got arrested in those days.“*[196]

Auf den Rat einer Freundin hin unternahm er, der seine Zukunft schon als Dorfschullehrer gesehen hat,[197] doch noch einen Versuch. Er bewarb sich nicht wieder in Leningrad, sondern am Lehrerinstitut im estnischen Tartu (damals Estnische Sozialistische Sowjetrepublik) und bekam eine Dozentur für Russische Literatur. Er ging also an die Peripherie der Sowjetunion – weg vom Zentrum des wissenschaftlichen Geschehens. Dieser scheinbare Nachteil sollte sich als Gewinn erweisen. An der Peripherie ist man weniger unter Beobachtung. Sein Jüdisch-Sein spielte in Tartu offensichtlich keine Rolle, er fand Erfüllung in der Lehrtätigkeit und vor allem in der Forschung, bekam 1950 eine Professur für

194 Lotman (2014: 58).

195 „Wurzellose Kosmopoliten“ war eine Bezeichnung, die während der antisemitischen Kampagne Stalins (1948–1953) zur Verhüllung des wahren Sachverhalts, der Verfolgung der Juden, gebraucht wurde.

196 Lotman (2014: 58).

197 Lotman (2014: 65).

russische Literatur – später auch für Literaturtheorie und Semiotik, einschließlich Malerei und Film – an der Universität Tartu, hatte (was damals nicht selbstverständlich war) Publikationsmöglichkeiten und konnte sich vergleichsweise frei entfalten. Anfang der 60er Jahre stellte er Beziehungen zu einigen strukturalistisch arbeitenden Linguisten in Moskau her, lud sie 1964 in die erste Summerschool on Secondary Modeling Systems ein und schuf damit – so die Überlieferung – die Voraussetzung der berühmten Tartu-Moskauer Schule der Semiotik.[198] Das Zentrum der Semiotik befand sich nun in Tartu. Lotman war international bekannt und geehrt. 2022 wird in Tartu sein hundertster Geburtstag mit einem Kongress begangen.

Die an originellen Denkmälern reiche Stadt Tartu hat auch Lotman ein Denkmal gewidmet. 2007 wurde eine aus 15 Meter Stahlrohren, mit Wasser und Licht spielende Installation vor der Universitätsbibliothek errichtet. Die Linien und Kurven der gebogenen Stahlrohre sollen ein Selbstporträt Lotmans wiedergeben. Als ich das Denkmal gesehen habe, dachte ich, dass die Gestaltung aus Zeichen verschiedener Art (Rohre, Wasser, Licht) ganz in seinem Sinne wäre. Geht man in Tartu in die große Buchhandlung am Rathausplatz, nahe der Universität, sieht man ein hohes Regal voller Lotmania. Die Buchhändlerinnen freuen sich, wenn man nach Neuem über Lotman oder neu Aufgelegtem von Lotman fragt. Man spürt, sie sind stolz auf ihn.

Peter von Polenz (1928–2011)

Es muss Anfang der 90er Jahre gewesen sein, als Peter von Polenz mich erstmals nach Trier einlud. Er hatte mich gebeten, einen

---

198 Oft Moskauer: *https://gloria-withalm.uni-ak.ac.at/withalm/semiotics/SEMIOintro/18-TartuMoskau_pptx.pdf.* Letzter Zugriff am 20.01.2022; *http://de.knowledgr.com/09062551/TartuunkMoskauerSemiotischeSchule#TartuMoskauerSchule.* Letzter Zugriff am 25.01.2022. Oft begegnet auch der Name Moskau-Tartu-Schule. Sicher hängt die Reihenfolge davon ab, in welcher der beiden Städte die Person arbeitet.

Vortrag zum Sprachgebrauch in der DDR zu halten. Mein Aufsatz „Der Wandel der Muster – der Wandel im Umgang mit den Mustern“[199], in dem es um die politischen Sprachspiele in der DDR am Beispiel der „von oben“ verordneten Losungen ging, muss ihn dazu bewogen haben. Ich erinnere mich, dass wir in einem Bergrestaurant saßen, auf die Stadt Trier blickten und über diesen Aufsatz sprachen. Davon ausgehend war er sehr daran interessiert, von mir als „Insiderin“ etwas darüber zu erfahren, wie der mündliche Sprachgebrauch in der DDR ausgesehen hat, ob er sich an die entdifferenzierte, inhaltsleere, formelhafte Sprache des öffentlichen Sprachgebrauchs angelehnt hat. Damals gab es das Buch „Sprachbiographien“[200] noch nicht. Die Doktorarbeit von Steffen Pappert,[201] in der es um Normierung und Anpassungsdruck für den mündlichen Sprachgebrauch außerhalb hochoffizieller Kommunikationsereignisse ging, erschien erst später. So beruhten meine Auskünfte lediglich auf eigenen Erfahrungen. Viel später erst, als ich genauer Bescheid wusste über Polenz’ Projekt einer „Deutschen Sprachgeschichte vom Spätmittelalter bis zur Gegenwart“[202] war mir klar, dass er das Gespräch mit Blick auf dieses Vorhaben geführt hatte. Rainer Wimmer charakterisiert die zwischen 1994 und 2000 erschienene „Deutsche Sprachgeschichte“ zu Recht begeistert. Hier ein kurzer Auszug:

> *„In der Tat hat von Polenz mit seinem insgesamt über 1600 Druckseiten umfassenden Werk eine Darstellung und strukturierende Analyse der deutschen Sprachgeschichte vorgelegt, wie es sie in dieser Breite, Differenziertheit, interpretatorischen Kraft und theoretischen Fundierung bisher nicht gegeben hat* […]. *Peter von Polenz hat diesem Werk*

199 Fix (1990a).

200 Fix/Barth (2000).

201 Pappert (2003).

202 von Polenz (1994–2000).

mehrere Jahrzehnte seines Arbeitslebens gewidmet. In der theoretischen Fundierung und in der Konzeption zeichnet sich das Werk dadurch aus, dass es die Sprachgeschichte aus der Sicht der politischen Geschichte und der Sozialgeschichte perspektiviert und ordnet. Sprachgeschichte ist im Kern Teil der Gesellschaftsgeschichte; die Sprache steht in intensiver Wechselwirkung mit anderen Institutionen in der Gesellschaft."[203]

Peter von Polenz, geboren in Bautzen, besuchte das Zinzendorf-Pädagogium in Niesky und musste mit 15 Jahren zum Vitzthum-Gymnasium Dresden wechseln. Nach dem Abitur studierte er in Leipzig Germanistik bei Theodor Frings und Ludwig Erich Schmitt. Er war dort bis 1952 wissenschaftlicher Assistent. Nach seiner Entlassung und dem ihm erteilten Verbot wissenschaftlicher Arbeit floh er in die Bundesrepublik.

Zu diesen Vorgängen lasse ich ihn selbst zu Wort kommen. Ich zitiere aus einem Interview, das er anlässlich der Verleihung der Ehrendoktorwürde der Universität Leipzig im November 2003 dem damaligen Pressesprecher der Universität Volker Schulte gab.[204] Der wiedergegebene Ausschnitt ist umfangreich. Ich habe mich entschieden, hier die Maxime „Fasse dich kurz" zu vernachlässigen. Diesen Vorgang, beschrieben vom Betroffenen selbst (der nicht zu Übertreibungen neigte), soll man in Gänze nachvollziehen können.

„Im Wintersemester 1952/53 lief eine ‚Säuberungs'-Kampagne von Partei und Regierung gegen die Philosophische Fakultät an, die wohl mit einem Protest von Professoren der

203 *https://ids-pub.bsz-bw.de/frontdoor/deliver/index/docId/7838/file/Wimmer_Deutscher_Sprachpres _Peter_ von_Polenz_2000.pdf.* Letzter Zugriff am 29.01.2022.

204 von Polenz (2003: 27).

Fakultät zusammenhing, die sich bei der Berufung von Hans Mayer übergangen fühlten. Schmitt und Frings, die Zuspitzung ahnend, drängten mich, meine Doktorarbeit möglichst schnell abzuschließen, da die Verhältnisse wahrscheinlich schlechter würden. Tatsächlich erfolgte im November 1952 über Nacht die Entlassung Prof. Schmitts. Als sein Assistent musste ich den Zettel an die Tür heften, dass er nicht mehr lesen könne, weil er suspendiert sei. Drei Wochen später wurde ich aus meiner Assistentenstelle entlassen. Ich wurde zum Prorektor bestellt, der mir eröffnete, ich sei nicht berechtigt, in der DDR eine wissenschaftliche Laufbahn einzuschlagen. Das sei eine Entscheidung der vom Staatssekretariat für Hochschulwesen in Ostberlin eingesetzten Berufslenkungskommission. Als Gründe für Berufsverbot und Entlassung wurden mir meine strikte Enthaltsamkeit in ‚gesellschaftlicher Betätigung' und – was kurios klingt, aber zeitgeschichtlich durchaus bedeutungsvoll ist – meine Ignoranz gegenüber Josef Stalin genannt.[205] Sie haben es, so wurde mir gesagt, in Ihrer Dissertation, ich erinnere: über die Mundart des Altenburgischen, unterlassen, die geniale Arbeit von Stalin über Marxismus und Sprachwissenschaft zu berücksichtigen. Solche politischen Unterwerfungsrituale kannte ich ja aus der Nazizeit, aber sechs Jahre nach der Befreiung von 1945 wollte ich mich nicht schon wieder an sie gewöhnen. Eigentlich hätte ich die Promotion gar nicht zu Ende führen dürfen, aber ein Brief von Theodor Frings an das Staatssekretariat für Hochschulwesen[206] hat dann doch bewirkt, dass ich in aller Stille die Dissertation und die Prüfungen in den Nebenfächern Geschichte und Eng-

205 Zu meiner Zeit wurde der Wert einer sprachwissenschaftlichen Dissertation in der Germanistik auch danach bemessen, wieviel russische, also in der Sowjetunion geschriebene Literatur berücksichtigt wurde. In der Zeit meiner Habilitation wurden dann auch die englischsprachigen Artikel gezählt.

206 An diese Art von Einflussnahme war später nicht mehr zu denken.

lisch abschließen konnte. Wie ich erfahren habe, hat auch der damalige Dekan Franz Dornseiff seine schützende Hand über mich gehalten. [...] Unmittelbar nach der Promotion bin ich dann nach Westberlin gegangen, weil mir ein längeres Hierbleiben nicht ratsam erschien. [...] Ich habe es dem mutigen Verhalten von Franz Dornseiff zu verdanken, dass die Promotionsurkunde, deren Druck sich hingezogen hatte, mich über meinen Mitdoktoranden Rudolf Große und einen anderen Studienfreund, Horst Naumann, als heiße Schmuggelware über Westberlin in Marburg erreichte, wo ich bereits als Stipendiat am Forschungsinstitut Deutscher Sprachatlas an der Universität Marburg tätig war.“

Wenn man das gelesen hat, wird man sich vorstellen können, welche Genugtuung es für mich und einige Kolleginnen und Kollegen des Germanistischen Instituts war, dass unserem Antrag, Peter von Polenz die Ehrendoktorwürde zu verleihen, stattgegeben wurde. Er wurde damit gleichsam nach Leipzig zurückgeholt. Die Feier habe ich als einen Akt der Wiedergutmachung erlebt.

Der weitere Lebensweg von Peter von Polenz verläuft im Vergleich dazu ruhig und bringt ihm viel Erfolg. Er ist zunächst in Marburg, habilitiert sich dort und ist später als Dozent an der dortigen Universität tätig. 1961 wird er nach Heidelberg berufen, wo er 1964 zum ordentlichen Professor für Deutsche Philologie und Linguistik ernannt wird. Von 1975 bis zu seiner Emeritierung 1993 hat er eine Professur für germanistische Linguistik an der Universität Trier inne. 1980 erhält er den Konrad-Duden-Preis der Stadt Mannheim und im Jahre 2000 in Weimar den Deutschen Sprachpreis der Henning-Kaufmann-Stiftung. 1992 wird er Korrespondierendes Mitglied der Sächsischen Akademie der Wissenschaften zu Leipzig. 2003 wird ihm die Ehrendoktorwürde der Universität Leipzig verliehen.

In einem Brief vom 19.11.2009 schreibt mir Peter von Polenz gleichsam als ein spätes Fazit seines Verhältnisses zur Leipziger Germanistik:

> „[Es ist mir] *sehr deutlich geworden, welch großes Glück ich in meinem Leben dadurch hatte, dass mir mehrmals einflussreiche Kollegen und Studienfreunde in schwierigen Situationen der Verfolgung und der politischen Behinderung aus der Not geholfen haben.*“

Ohne diese Hilfe, ohne die doch abgeschlossene Dissertation wäre aller Erfolg in der Bundesrepublik nicht (oder viel schwerer) möglich gewesen.

Die dargestellten Menschen traten als Wissenschaftler in mein Blickfeld, weil sie mir für meine Arbeit wichtig waren. Ihre persönlichen Umstände haben mich zunächst nicht interessiert. Erst allmählich fiel mir auf, dass hinter nahezu jedem dieser Menschen ein schweres Leben steht. Ich habe versucht, mir vorzustellen, wieviel mehr wir von einigen dieser Persönlichkeiten noch hätten lernen können, wenn ihnen eine freie Entfaltung ohne Verfolgung und Angst, ohne materielle Sorgen möglich gewesen wäre. Weil ich es für wichtig halte, auch das Biographische in die Wissenschaftsgeschichte einzubeziehen, habe ich diesen Text geschrieben.

Meine „Säulenheiligen"

Aus dem bisher Gesagten ist schon hervorgegangen, wie wichtig mir unsere wissenschaftlichen Vorfahren sind. Ich bedauere es sehr, dass es gegenwärtig nicht mehr als selbstverständliche Tugend gilt zu wissen, was vor uns in unserem Fach gedacht und geschrieben worden ist. Bedauerlich ist es, weil dieses Versäumnis die Gefahr mit sich bringt, dass – oft genug zu beobachten – das Rad immer wieder neu erfunden und mancher interessante Gedanke der Vergangenheit überhaupt nicht bemerkt wird und so gar nicht aufgegriffen werden kann. Ohne die Anregungen meiner „Säulenheiligen", ohne Fechners, Kainz' und Mukařovskýs Gedanken zur Ästhetik, ohne Lotmans Semiotik, ohne Jolles' „Einfache Formen", ohne Flecks Denkstil-Begriff, ohne Jakobsons Grundidee von der poetischen Sprachfunktion – ohne all dies fehlten mir originelle Anregungen für mein eigenes Denken.

Fazit

Es ist schön, wenn man aus einem Arbeitsleben gehen kann, das einen glücklich gemacht hat. Eine Kollegin hat einmal kurz vor ihrer Emeritierung gesagt, dass es ein Segen sei, einen solchen Beruf auszuüben, wie sie und ich ihn haben. Und sie hat recht damit.

Wer kann schon so sehr seinen Interessen nachgehen wie wir? Zu wessen Berufspflichten gehört es sonst, neugierig zu sein und niemals beim Gewussten stehen zu bleiben?

Wer hat mit so vielen interessanten – vor allem jungen – Leuten zu tun?

Wer hat sonst die Möglichkeit, eigene Arbeitsfelder zu eröffnen und eigene Projekte in Zusammenarbeit mit anderen zu bearbeiten?

Wer kann berufliche Interessen und moralische Ansprüche so gut miteinander verbinden, wie uns das möglich ist – falls wir das wollen?

Wer kann auch im Ruhestand seinen fachlichen Interessen problemlos nachgehen?

Für all diese Möglichkeiten bin ich dankbar. Und vor allem dafür, dass sich immer Kollegen, Doktoranden und Studenten gefunden haben, mit denen gemeinsam ich einer Sache auf den Grund gehen konnte.

Dank an alle.

Literaturverzeichnis

Agricola, Erhard/Herbert Görner/Ruth Küfner (1962): *Wörter und Wendungen.* Leipzig.

Agricola, Erhard/Ursula Brausse/Ilse Karl/Klaus-Dieter Ludwig (1987): *Studien zu einem Komplexwörterbuch der lexikalischen Mikro-, Medio- und Makrostrukturen („Komplexikon").* 2 Bände. Berlin. (= Linguistische Studien, Reihe A: Arbeitsberichte 169).

Ammon, Hermann (1930): *Deutsche Sprache und Literatur. Studium, Examen und Beruf.* Marburg.

Andersen, Christiane/Ulla Fix/Jürgen Schiewe (Hrsg.) (2018): *Denkstile in der deutschen Sprachwissenschaft. Bausteine einer Fachgeschichte aus dem Blickwinkel der Wissenschaftstheorie Ludwik Flecks.* Berlin.

Antos, Gerd/Ulla Fix/Bettina Radeiski (2014): *Rhetorik der Selbsttäuschung.* Berlin.

Arendt, Hans-Jürgen (1999): *Gustav Theodor Fechner. Ein deutscher Naturwissenschaftler und Philosoph im 19. Jahrhundert.* Frankfurt am Main/Berlin/Bern.

Baasner, Rainer (1996): *Methoden und Modelle der Literaturwissenschaft. Eine Einführung.* Berlin.

Barz, Irmhild/Marianne Schröder/Karin Hämmer/Hannelore Poethe (2007): *Wortbildung – praktisch und integrativ. Ein Arbeitsbuch.* Leipziger Skripten, Band 2. Leipzig.

Bausinger, Hermann (1980): Zur Problematik des Kulturbegriffs. In: Wierlacher, Alois (Hrsg.): *Fremdsprache Deutsch. Grundlagen und Verfahren der Germanistik als Fremdsprachenphilologie.* Bd. 1. München, 57–69.

Bergmann, Jörg/Thomas Luckmann (1993): Formen der kommunikativen Konstruktion von Moral. Entwurf eines Forschungsvorhabens. In: *Arbeitspapiere des Projektes „Formen der kommunika-*

tiven Konstruktion von Moral: Gattungsfamilien der moralischen Kommunikation in informellen, institutionellen und massenmedialen Kontexten". Nr. 1. Universität Konstanz.

Betten, Anne/Ulla Fix/Berbeli Wanning (Hrsg.) (2017): *Handbuch Sprache und Literatur.* Berlin/Boston.

Blumenthal, Elke (2019): Nachdenken über Gott und die Welt. *https://nbn-resolving.org/urn:nbn:de:bsz:15-qucosa2-337715*, 12. Letzter Zugriff am 01.02.2022.

Cassirer, Toni (2003): *Mein Leben mit Ernst Cassirer*. Hamburg, 284 ff.

Choluj, Bozena/Jan C. Joerden (Hrsg.) (2007): *Von der wissenschaftlichen Tatsache zur Wissensproduktion.* Frankfurt am Main/Berlin.

Clyne, Michael (1993): Homogene und heterogene Strömungen. In: *Deutsch als Verkehrssprache in Europa*, Berlin/New York.

Eco, Umberto (1972): *Einführung in die Semiotik*. München.

Engel, Eduard ([24]1914): *Deutsche Stilkunst* [1911]. Wien/Leipzig.

Fechner, Gustav Theodor (1897): *Vorschule der Ästhetik*. Leipzig.

Fehr, Johannes (2005): Vielstimmigkeit und der wissenschaftliche Umgang damit. Ansätze zu einer Fleckschen Philologie. In: Egloff, Rainer (Hrsg.): *Tatsache – Denkstil – Kontroverse: Auseinandersetzungen mit Ludwik Fleck.* Zürich: Collegium Helveticum Heft Nr. 1, 33–45.

Fix, Ulla (1974/1976): Zum Verhältnis von Syntax und Semantik im Wortgruppenlexem. Dissertation. In: *Beiträge zur Geschichte der deutschen Sprache und Literatur*, 1974, Bd. 95, 214–318; 1976, Bd. 97, 7–78.

Fix, Ulla (1976a): Der Erwählte. In: *Das erzählerische Werk Thomas Manns. Entstehungsgeschichte. Quellen. Wirkung*. Aufbau-Verlag. Berlin.

Fix, Ulla (1976b): Gibt es gute und schlechte Wörter? In: *Sprachpflege*, 1976, 25. Jg., H. 9, 177–180.

Fix, Ulla (1987): *„Kommunikativ adäquat" – „stilistisch adäquat". Zu Problemen, Kategorien und Kriterien der Redebewertung.* Dissertation B, Habilitationsschrift. Halle 1987.

Fix, Ulla (1990a): Der Wandel der Muster – der Wandel im Umgang mit den Mustern. Kommunikationskultur im institutionellen Sprachgebrauch der DDR am Beispiel von Losungen. In: *Deutsche Sprache* 4/1990, 332–347.

Fix, Ulla (1990b): Redebewertung – Stilbewertung. Zu theoretischen Fragen der Bewertung sprachlicher Äußerungen. In: Fix, Ulla (Hrsg.): *Beiträge zur Stiltheorie.* Leipzig, 73–104.

Fix, Ulla (1990c): Die Sprachgestalt von Sachtexten. Ein vernachlässigtes Element der Rezeptionsförderung. *Protokollband der iba-Konferenz „Leser und Lesen in Gegenwart und Zukunft".* Leipzig, 301–309.

Fix, Ulla (Hrsg.) (1990): *Beiträge zur Stiltheorie.* Leipzig.

Fix, Ulla (1991): Vorbemerkungen zu Theorie und Methodologie einer historischen Stilistik. In: *Zeitschrift für Germanistik. Neue Folge*, H. 2, 1991, 299–310.

Fix, Ulla (1992): Stil als komplexes Zeichen im Wandel. Überlegungen zu einem erweiterten Stilbegriff. In: *Zeitschrift für germanistische Linguistik*, H. 2, 1992, 193–209.

Fix, Ulla (1994): Moderne Sagen in der DDR. Ein Projektbericht. In: *Fabula* 1994, H. 1/2, 94–109.

Fix, Ulla (1996a): Textstil und KonTextstile. Stil in der Kommunikation als umfassende Semiose von Sprachlichem, Parasprachlichem und Außersprachlichem. In: Fix, Ulla/Gotthard Lerchner (Hrsg.): *Stil und Stilwandel. Bernhard Sowinski zum 65. Geburtstag gewidmet.* Frankfurt am Main/Berlin/Bern, 106–123.

Fix, Ulla (1996b): Was ist aus André Jolles' Einfachen Formen heute geworden? Eine kulturanalytische und textlinguistische Betrachtung. In: Hertel, Volker/Irmhild Barz/Regine Metzler/Brigitte Uhlig (Hrsg.): *Sprache und Kommunikation im Kulturkontext.* Frankfurt am Main/Berlin/Bern, 105–120.

FIX, ULLA (1998): *Ritualität in der Kommunikation der DDR*. Hrsg. unter Mitarbeit von Wilma Kauke und Rhea Schwarz. Frankfurt am Main/Berlin/Bern.

FIX, ULLA (2000): Das Rätsel. Bestand und Wandel einer Textsorte. Oder: Warum sich die Textlinguistik als Querschnittsdisziplin verstehen kann. In: BARZ, IRMHILD/ULLA FIX/MARIANNE SCHRÖDER/GEORG SCHUPPENER (Hrsg.): *Sprachgeschichte als Textsortengeschichte. Festschrift zum 65. Geburtstag von Gotthard Lerchner.* Frankfurt am Main/Berlin/Bern, 183–210.

FIX, ULLA (2001a): Die Gattung ‚Moralisierender Spruch'. Zur Form und Funktion von gereimten moralischen Appellen. In: *Der Deutschunterricht*. Heft 1, 68–75.

FIX, ULLA (2001b): Zugänge zu Stil als semiotisch komplexer Einheit. Thesen, Erläuterungen und Beispiele. In: JAKOBS, EVA-MARIA/ANNELY ROTHKEGEL (Hrsg.): *Perspektiven auf Stil.* Tübingen, 113–126.

FIX, ULLA (2001c): *Zur Kulturspezifik von Textsorten*. Hrsg. mit Stephan Habscheid und Josef Klein. Tübingen.

FIX, ULLA (Hrsg.) (2002): *Brauchen wir einen neuen Textbegriff? Antworten auf eine Preisfrage.* Forum Angewandte Linguistik. Bd. 40. Hrsg. mit Kirsten Adamzik, Gerd Antos und Michael Klemm. Frankfurt am Main/Berlin/Bern.

FIX, ULLA (2003a): *Fechner und die Folgen außerhalb der Naturwissenschaften. Interdisziplinäres Kolloquium zum 200. Geburtstag Gustav Theodor Fechners*. Tübingen.

FIX, ULLA (2003b): Die Sprengung der Leipziger Universitätskirche 1968. Die Sprache der Texte und die Sprache der Bilder – eine kultursemiotische Studie. In: *Jahrbuch für Internationale Germanistik*, Jg. XXXV, H. 2, 75–100.

FIX, ULLA (Hrsg.) (2005): *Hörfilm. Bildkompensation durch Sprache. Linguistisch-filmisch-semiotische Untersuchungen zur Leistung der Audiodeskription in Hörfilmen am Beispiel des Films „Laura, mein Engel" aus der „Tatort"-Reihe*. Berlin.

Fix, Ulla (2007a): Der Spruch – Slogans und andere Spruchtextsorten. In: Harald Burger u. a. (Hrsg.): *Phraseologie. Ein internationales Handbuch zeitgenössischer Forschung*. Berlin/New York, 459–468.

Fix, Ulla (2007b): *Stil – ein sprachliches und soziales Phänomen*. Berlin.

Fix, Ulla (2008a): *Texte und Textsorten – sprachliche, kommunikative und kulturelle Phänomene*. Berlin.

Fix, Ulla (2008b): Nichtsprachliches als Textfaktor: Medialität, Materialität, Lokalität. In: *Zeitschrift für germanistische Linguistik* 36.3, 2008, 343–354.

Fix, Ulla (2008c): Ansprüche an einen guten (?) Text. In: *aptum* 1, 2008, 1–20.

Fix, Ulla (Hrsg.) (2008): *„In Traurigkeit mein Lachen … in Einsamkeit mein Sprachgesell". Das evangelische Kirchenlied am Beispiel Paul Gerhardts aus interdisziplinärer Perspektive*. Beiträge der Paul-Gerhardt-Gesellschaft. Berlin.

Fix, Ulla (2009): Muster und Abweichen. In: Fix, Ulla/Andreas Gardt/Joachim Knape (Hrsg.): *Rhetorik und Stilistik*. HSK 31. Berlin/New York, 1300–1315.

Fix, Ulla (2010): Literaturwissenschaft und Linguistik – Das Konzept „LiLi" aus heutiger linguistischer Sicht. In: *Journal of Literary Theory* 4:1, 2010, 19–40.

Fix, Ulla ([2]2011): *Texte und Textsorten – sprachliche, kommunikative und kulturelle Phänomene*. Berlin.

Fix, Ulla (2012): Die Konstruktion eines „Zustimmungsdiskurses". Mediale Kommentierung der Ereignisse in der Tschechoslowakei 1968 im „sozialistischen Lager". In: Kämper, Heidrun/Jörg Kilian (Hrsg.): *Wort – Begriff – Diskurs. Deutscher Wortschatz und europäische Semantik*. Bremen, 105–121.

Fix, Ulla (2013a): *Sprache in der Literatur und im Alltag. Ausgewählte Aufsätze*. Berlin.

Fix, Ulla (2013b): Text(sorten)linguistik als Querschnittsdisziplin – Thesen. In: Berdychowska, Zofia/Zofia Bilut-Homplewicz: *Textlinguistik als Querschnittsdisziplin*. Frankfurt am Main, 13–27.

Fix, Ulla (2014): *Sprache, Sprachgebrauch und Diskurse in der DDR. Ausgewählte Aufsätze*. Berlin.

Fix, Ulla (2015): Sakralisierung und Historisierung der Sprache in Fantasy-Literatur. Semiotisch-stilistische Analyse. In: Pohl, Inge/ Wilhelm Schellenberg (Hrsg.): *Linguistische Untersuchungen jugendliterarischer Texte im Rahmen einer relationalen Stilistik*. Frankfurt am Main/Bern, 149–167.

Fix, Ulla (2017a): Religion als Ressource in säkularisierten Gesellschaften. In: Lasch, Alexander/Wolf-Andreas Liebert (Hrsg.): *Handbuch Sprache und Religion*. Berlin/Boston, 192–221.

Fix, Ulla (2017b): „Schwere" Texte in „Leichter Sprache" – Voraussetzungen, Möglichkeiten und Grenzen (?) aus textlinguistischer Sicht. In: Bock, Bettina M./Ulla Fix/Daisy Lange (Hrsg.): *„Leichte Sprache" im Spiegel theoretischer und angewandter Forschung*. Berlin, 163–188.

Fix, Ulla (2018): Diskurslinguistik und Stil. In: Warnke, Ingo (Hrsg.): *Handbuch Diskurs*. Berlin/Boston, 470–487.

Fix, Ulla (2020a): Der Wandel von Denk- und Sprachstilen in der Sprachwissenschaft. Zur Textsorte ‚wissenschaftlicher Aufsatz' in der zweiten Hälfte des 20. Jahrhunderts. In: Adamzik, Kirsten/ Mikaela Petkova-Kessanlis (Hrsg.): *Stilwechsel und ihre Funktionen in Textsorten der Fach- und Wissenschaftskommunikation*. Tübingen, 85–109.

Fix, Ulla (2020b): Zur Semiose von Schriftart, Typographie und Orthographie – am Beispiel widerständiger literarischer und politischer Texte der Vorwendezeit in der DDR. In: *Sprechen und Schreiben. Schriftsysteme und ihre linguistischen, kulturellen und politischen Dimensionen*. Hrsg. v. Klaus Bochmann. Abhandlungen der Sächsischen Akademie der Wissenschaften zu Leipzig. Philologisch-historische Klasse. Bd. 84, Heft 6, 93–112.

Fix, Ulla (2020c): Sprachwissenschaftlerin zwischen „Ost“ und „West“. In: *Studia Germanica Gedanensia* 43. Gdansk, 195–220.

Fix, Ulla/Dagmar Barth (2000): *Sprachbiographien. Sprache und Sprachgebrauch vor und nach der Wende von 1989 im Erinnern und Erleben von Zeitzeugen aus der DDR*. Frankfurt am Main/Berlin/Bern.

Fix, Ulla/Andreas Gardt/Joachim Knape (Hrsg.) (2009): *Handbuch „Rhetorik und Stilistik“* in der Reihe „Handbücher zur Sprach- und Kommunikationswissenschaft“. Berlin/New York.

Fix, Ulla/Horst Nalewski (1989): *Sprichwenndukannst. Schriftsteller über Sprache. Anthologie*. Hrsg. und mit zwei Nachworten versehen. Leipzig.

Fix, Ulla/Hannelore Poethe/Gabriele Yos unter Mitarbeit von Ruth Geier (2001): *Textlinguistik und Stilistik für Einsteiger. Ein Lehr- und Arbeitsbuch*. Leipziger Skripten, Band 1. Leipzig.

Fix, Ulla/Hans Wellmann (Hrsg.) (2000): *Bild im Text – Text und Bild*. Heidelberg.

Fleck, Ludwik (1980): *Entstehung und Entwicklung einer wissenschaftlichen Tatsache. Einführung in die Lehre von Denkstil und Denkkollektiv. Mit einer Einleitung hrsg. von Lothar Schäfer und Thomas Schnelle*. Frankfurt am Main.

Fleischer, Wolfgang/Georg Michel (1975): *Stilistik der deutschen Gegenwartssprache*. Bibliographisches Institut. Leipzig.

Fucks, Wilhelm (1953): Mathematische Analyse des literarischen Stils. In: *Studium generale*. 6. Jg., H. 9, 506–523.

Gelbmann, Gerhard (2004): *Sprachphilosophie und Sprachpsychologie. Der sprachkritische Ansatz von Friedrich Kainz*. Frankfurt am Main.

Gumbrecht, Hans Ulrich/Ludwig K. Pfeiffer (Hrsg.) (1988): *Materialität der Kommunikation*. Frankfurt am Main.

Hartmann, Peter (1970): Zur Theoretisierung der Linguistik. In: Pilch, Herbert/Helmut Richter: *Theorie und Empirie in der Sprachforschung*. Basel/München/Paris/New York, 81–90.

IHWE, JENS (1972/1973): *Literaturwissenschaft und Linguistik*. Bd. 1 und 2. Frankfurt am Main.

JAKOBSON, ROMAN (1974): *Aufsätze zur Linguistik und Poetik*. München.

JANICH, NINA (2004): *Die bewusste Entscheidung. Eine handlungsorientierte Theorie der Sprachkultur*. Tübingen.

JOLLES, ANDRÉ (1982): *Einfache Formen. Legende, Sage, Mythe, Rätsel, Spruch, Kasus, Memorabile, Märchen, Witz*. Tübingen.

JOLLES, ANDRÉ (2000): *„Gebildeter Vagant". Briefe und Dokumente*. Hrsg. v. Walter Thys. Leipzig.

KAINZ, FRIEDRICH (1941–1969): *Psychologie der Sprache* (fünf Bände, der fünfte Band in zwei Teilbänden). Stuttgart.

KAINZ, FRIEDRICH (1948): *Vorlesungen über Ästhetik*. Wien.

KAINZ, FRIEDRICH (1954): *Psychologie der Sprache*. Bd. 1. Stuttgart.

KAINZ, FRIEDRICH ([4]1967): *Psychologie der Sprache*. Stuttgart.

KLAUS, GEORG (1971): *Sprache der Politik*. Berlin.

KLEIN, ALFRED (1997): *Unästhetische Feldzüge. Der siebenjährige Krieg gegen Hans Mayer 1956–1963*. Leipzig.

Kleines politisches Wörterbuch (1967). Hrsg. u. Red. Gertrud Schütz. Berlin [DDR].

KLEIST, HEINRICH VON (1978): *Werke und Briefe – Erzählungen. Gedichte. Anekdoten. Schriften*. Hrsg. v. Peter Goldammer. Berlin/Weimar.

KLEMPERER, VICTOR (1966): *LTI. Notizbuch eines Philologen*. Leipzig.

KLEMPERER, VICTOR ([3]1999): *So sitze ich denn zwischen allen Stühlen. Tagebücher 1945–1949*. Berlin.

KREUZER, HELMUT/RUL GUNZENHÄUSER (1965): *Mathematik und Dichtung. Versuche zur Frage einer exakten Literaturwissenschaft*. München.

KULENKAMPFF, JENS (2003): Weder Zuckerbrot noch Peitsche. Die Geisteswissenschaften und ihr wichtigstes Gut: Die Zeit. In: *Forschung und Lehre* 9, 473 f.

Lemke, Siegrun (2006). Unter Mitarbeit von Philine Knorpp: *Sprechwissenschaft/Sprecherziehung. Ein Lehr- und Übungsbuch*. Leipziger Skripten, Band 4. Leipzig.

Leo, Annette (2005): *Leben als Balance-Akt. Wolfgang Steinitz. Kommunist, Jude, Wissenschaftler*. Berlin.

Lerchner, Gotthard (1984): *Sprachform von Dichtung*. Berlin/Weimar.

Lotman, Jurij (1972a): *Die Struktur literarischer Texte*. München.

Lotman, Jurij (1972b): *Vorlesungen zu einer strukturalen Poetik*. München.

Lotman, Jurij (1990): Über die Semiosphäre. In: *Zeitschrift für Semiotik*. Band 12, Heft 4, 287–305.

Lotman, Jurij (2014): *Non-Memoirs*. Translated and annotated by Caroline Lemak Brickman. (Russische Ausgabe: 1995). London/Dublin.

Maas, Utz (2010): *Verfolgung und Auswanderung deutschsprachiger Sprachforscher 1933–1945*. Band 1. Tübingen.

Möller, Georg (1968): *Praktische Stillehre*. Leipzig.

Möller, Georg ([5]1986): *Praktische Stillehre*, bearb. von Ulla Fix. Leipzig.

Motsch, Wolfgang (1974): *Zur Kritik des sprachwissenschaftlichen Strukturalismus*. Berlin.

Mukařovský, Jan (1967): *Kapitel aus der Poetik*. Frankfurt am Main.

Mukařovský, Jan (1970): *Kapitel aus der Ästhetik*. Frankfurt am Main.

Nalewski, Horst (o. J.): Ein Albumblatt für den Lehrer Hans Mayer. *https://www.leipzig-lese.de/index.index.php?article_id=187*. Letzter Zugriff am 29.02.2020.

Mussijenko, /Alexander Vatlin (2005): *Schule der Träume. Die Karl-Liebknecht-Schule in Moskau (1924–1938)*. Bad Heilbrunn.

Pappert, Steffen (2003): *Politische Sprachspiele in der DDR: Kommunikative Entdifferenzierungsprozesse und ihre Auswirkungen auf den öffentlichen Sprachgebrauch*. Frankfurt am Main u. a. (= Leipziger Arbeiten zur Sprach- und Kommunikationsgeschichte, Bd. 11).

Posner, Roland (1991): Kultur als Zeichensystem. Zur semiotischen Explikation kulturwissenschaftlicher Grundbegriffe. In: Assmann, Aleida/Dietrich Harth (Hrsg.): *Kultur als Lebenswelt und Monument*. Frankfurt am Main, 37–74.

Püschel, Ulrich (1991): Praktische Stilistiken – Ratgeber für gutes Deutsch? In: Neuland, Eva/Helga Bleckwenn (Hrsg.): *Stil – Stilistik – Stilisierung*. Frankfurt am Main, 55–68.

Püschel, Ulrich (2009): Stilistik: Theorie und Praxis. In: *Zeitschrift für Angewandte Linguistik* 50, 47–65.

Reiners, Ludwig (1944): *Stilkunst. Ein Lehrbuch deutscher Prosa*. München.

Riese, Reimar (2017): *Die Deutsche Buchhändler-Lehranstalt zu Leipzig*. Schriften und Zeugnisse zur Buchgeschichte 22. Wiesbaden.

Riesel, Elise (1959): *Stilistik der deutschen Sprache*. Moskau.

Riesel, Elise (1964): *Der Stil der deutschen Alltagsrede*. Moskau.

Riesel, Elise (1970): *Der Stil der deutschen Alltagsrede*. Leipzig.

Riesel, Elise (1974): *Theorie und Praxis der linguostilistischen Textinterpretation*. Moskau.

Riesel, Elise/Eugenie Schendels (1975): *Deutsche Stilistik*. Moskau.

Sanders, Willy ([2]1990): *Gutes Deutsch – besseres Deutsch: Praktische Stillehre der deutschen Gegenwartssprache* [1986]. Darmstadt.

Sandig, Barbara (1972): Bildzeitungstexte. Zur Sprache und Gestaltung. In: Rucktäschel, Annamaria (Hrsg.): *Sprache und Gesellschaft*. München.

Sandig, Barbara (1978): *Stilistik. Sprachpragmatische Grundlegung der Stilbeschreibung*. Berlin/New York.

Sandig, Barbara (1986): *Stilistik der deutschen Sprache*. Berlin/New York.

Sandig, Barbara (2006): *Textstilistik des Deutschen*. Berlin/New York.

Schäfer, Lothar/Thomas Schnelle (1980): Einleitung zu Ludwik Fleck. In: Fleck, Ludwik: *Entstehung und Entwicklung einer wis-*

senschaftlichen Tatsache. Einführung in die Lehre von Denkstil und Denkkollektiv. Frankfurt am Main, VIII.

Schiewe, Jürgen (1996): *Sprachenwechsel – Funktionswandel – Austausch der Denkstile: die Universität Freiburg zwischen Latein und Deutsch.* Tübingen.

Schneider, Wilhelm (1931): *Ausdruckswerte der deutschen Sprache. Eine Stilkunde.* Leipzig/Berlin.

Schröter, Melani/Björn Carius (2009): *Vom politischen Gebrauch der Sprache. Wort, Text, Diskurs. Eine Einführung.* Leipziger Skripten, Band 5. Leipzig.

Seidel, Eugen/Ingeborg Seidel-Slotty (1961): *Sprachwandel im Dritten Reich. Eine kritische Untersuchung faschistischer Einflüsse.* Halle.

Sick, Bastian (2008): *Der Dativ ist dem Genitiv sein Tod. Ein Wegweiser durch den Irrgarten der deutschen Sprache.* Folge 1–3 in einem Band. Köln.

Simon, Tina (2003): *Rezeptionstheorie. Einführungs- und Arbeitsbuch.* Leipziger Skripten, Band 3. Leipzig.

Spitzer, Leo (1961): *Stilstudien. Zweiter Teil. Stilsprachen.* München.

Spitzer, Leo (1966): *Eine Methode, Literatur zu interpretieren.* München.

Steube, Anita (1966): *Gradation der Grammatikalität und stilistische Adäquatheit.* (Diss. Maschinenschrift) Universität Leipzig.

Stiegler, Bernd/Sylwia Werner (2016): *Laboratorien der Moderne. Orte und Räume des Wissens in Mittel- und Osteuropa.* Vorwort. Paderborn.

Stockinger, Ludwig (2019): *Germanistische Literaturwissenschaft nach der deutschen Einheit.* Berlin.

Techtmeier, Bärbel (1977): Die kommunikative Adäquatheit sprachlicher Äußerungen. In: *Normen in der sprachlichen Kommunikation. Sprache und Gesellschaft* 11. Berlin, 102–162.

Thoma, Werner (1976): Ansätze zu einer sprachfunktional-semiotisch orientierten Stilistik. In: *LiLi* 6/1976, H. 22, 117–141.

von Polenz, Peter (1967): Sprachpurismus und Nationalsozialismus. Die ‚Fremdwort-Frage' gestern und heute. In: *Germanistik – eine deutsche Wissenschaft. Beiträge von Eberhard Lämmert, Walter Killy, Karl Otto Conrady und Peter von Polenz.* Frankfurt am Main, 111–165.

von Polenz, Peter (1994–2000): *Deutsche Sprachgeschichte vom Spätmittelalter bis zur Gegenwart*, 3 Bände. Berlin.

von Polenz, Peter (2003): Promotion erreichte mich als Schmuggelware. In: *Universitätsjournal der Universität Leipzig*. Heft 7/2003, 26–27.

ZeitZeugnis. Vitale Historiographien aus den Wissenschaften

Bd. 1 Hartwig Kalverkämper: Wissenschaft als Berufung.
250 Seiten. ISBN 978-3-7329-0195-1

Bd. 2 Richard Brütting: Italien – erlebt, erzählt, erforscht.
Von frühen Italienreisen zu Italienischen Kulturstudien.
252 Seiten. ISBN 978-3-7329-0368-9

Bd. 3 Helmut F. Mikelskis: Bachelor and Master of Disaster – Abschied von einem Universitätsstudium als Ort humaner Bildung? 122 Seiten. ISBN 978-3-7329-0383-2

Bd. 4 Ludwig Stockinger: Germanistische Literaturwissenschaft nach der deutschen Einheit. Ein Leipziger Erfahrungsbericht. 318 Seiten. ISBN 978-3-7329-0605-5

Bd. 5 Helen Leuninger: Universum Universität.
Akademische Episoden aus fünf Jahrzehnten.
150 Seiten. ISBN 978-3-7329-0675-8

Bd. 6 Jürgen Lehmann: Wege nach Westen – Wege nach Osten.
Erinnerungen an eine Jugend in Deutschland.
260 Seiten. ISBN 978-3-7329-0736-6

Bd. 7 Ulla Fix: Sprachwissenschaftlerin zwischen *Ost* und *West* .
Erlebnisse, Überlegungen und Erfahrungen.
194 Seiten. ISBN 978-3-7329-0756-4

Frank & Timme